カラーコーディネーター検定試験®
The Official Business Skill Test in Color Coordinator

〜 カラーコーディネーター検定試験とは 〜

私たちの身の回りは、さまざまな色にあふれています。
世相がその年の流行に反映されたり、
商品やデザインを何色にするかで全く異なった印象を与えたりと、
色の性質・特性が心理的効果を与えるのです。
色彩の知識を身につければ、色の持つ効果をビジネスシーンで活かすことができます。
「仕事に役立つ実践的な色彩の知識を学ぶことができる」
それが商工会議所のカラーコーディネーター検定試験です。

1．試験日
　　6月（2・3級）　12月（1・2・3級）

2．受験料
　　1級　9,180円　　2級　7,140円　　3級　5,100円　（消費税を含みます）

3．出題範囲・合格基準
　　各級テキストの基礎知識とそれを理解した上での応用力を問います。
　　100点満点とし、70点以上をもって合格とします。

4．試験時間
　　1級　　10：00〜（制限時間：2時間30分）
　　2級　　13：30〜（制限時間：2時間）
　　3級　　10：00〜（制限時間：2時間）

5．出題方法
　　1級の出題はマークシート方式による選択問題と論述問題です。
　　2・3級の出題はマークシート方式による選択問題です。
　　※最新情報および詳細は、下記ホームページをご覧ください。

お問い合わせ　東京商工会議所 検定センター
03-3989-0777（土日・祝日・年末年始を除く10：00〜18：00）
http://www.kentei.org/

主　催　東京商工会議所・施行商工会議所

カラーコーディネーター検定試験 3級問題集　目次

本書の特徴と使い方 ……………………………………… 2

はじめに ……………………………………………………… 3

検定試験のご案内 ………………………………………… 5

第1章　色の性質 ………………………………………… 7
第2章　色と心理 ………………………………………… 15
第3章　色を表し、伝える方法 ………………………… 33
第4章　配色と色彩調和 ………………………………… 49
第5章　光から生まれる色 ……………………………… 73
第6章　色が見える仕組み ……………………………… 93
第7章　色の測定 ………………………………………… 113
第8章　混色と色再現 …………………………………… 125
第9章　色と文化 ………………………………………… 135

解答・解説 ………………………………………………… 153

模擬試験 …………………………………………………… 183

模擬試験解答 ……………………………………………… 205

解答用紙 …………………………………………………… 209

過去問題例集 ……………………………………………… 235
模範解答
商工会議所 カラーコーディネーション・チャート（CCIC）
簡易版 ………………………………………………… 巻末

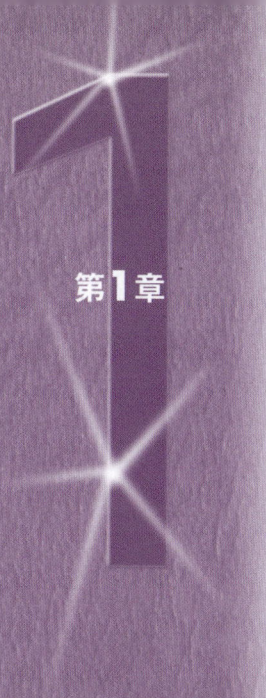

第1章 色の性質

❶色の効用とカラーコーディネーション
　色は見分けを助け、快適性を左右する　第1問、第8問1
　カラーコーディネーションの意義　第4問
　カラーコーディネーターの仕事　第2問

❷色が見えるまで
　光と物と眼が色を決める　第3問
　　1）物理的な色の世界　第5問、第8問2 4
　　2）心理的な色の世界　第6問、第7問、第8問3 5

第1問 色の効用とカラーコーディネーション

次の文中に入る語句を語群の中から選んで解答欄に記入しなさい。

私たちは、多くの色に囲まれて生活している。普段はその重要性を強く意識することはないかもしれないが、食品の［　ア　］や信号機の色による意味などは、色による情報の大切さがわかる例である。また、色は［　イ　］にも大きな影響を与える。ある物が美しいかどうか、また、色がその物にふさわしいかどうかなどは、［　イ　］に対する影響力の例である。このような色の働きにより、心地よい色、不愉快な色が生まれたり、また、実際の商品企画では、色の違いによって商品の［　ウ　］が大きく変わるということが起き得る。従って色は、単に物を［　エ　］することだけでなく、その物の美しさや［　オ　］に大きな影響力を持つ。

〔語群〕

① 鮮度　　　　② 写真　　　　③ 白黒
④ 機能　　　　⑤ 用途　　　　⑥ 美観
⑦ 管理　　　　⑧ 識別　　　　⑨ 調和
⑩ 売れ行き　　⑪ 保管　　　　⑫ 習慣
⑬ 目的性　　　⑭ 快適性　　　⑮ 秩序性

第2問

色の効用とカラーコーディネーション

次の文中に入る語句を語群の中から選んで解答欄に記入しなさい。

カラーコーディネーターの仕事とは、さまざまな物の色彩的［　ア　］を快適に保つことであり、さらには色彩の新しい［　ア　］を提案することにある。そのためにカラーコーディネーターは、対象となる物の特性や色の性質をよく知っていなければならない。物や商品には色彩以外に考慮すべき点も多く、色彩の［　イ　］だけでは［　ウ　］をおこなうことはできない。また、対象によっては色の［　エ　］も考慮しなければならない。つまり、単に美しい［　オ　］を考えるだけでなく、対象物の特性に即した色彩を施すことが求められるのである。

〔語群〕
① 機能　　　　② 秩序　　　　③ 生活
④ 知識　　　　⑤ 習慣　　　　⑥ 快適
⑦ 販売計画　　⑧ 色彩計画　　⑨ 企業経営
⑩ 法的規制　　⑪ JIS　　　　⑫ 環境
⑬ 連想　　　　⑭ 配色　　　　⑮ 対比

第3問

色が見えるまで

次の文中に入る語句を語群の中から選んで解答欄に記入しなさい。

色が見えるためには、次のような3つの条件が必要である。つまり、「①光があること。」、「②眼が働いていること。」、「③見るべき対象物があること。」である。光は[　ア　]の一種で私たちに視覚を生じさせるが、これは[　イ　]と呼ばれる。最も身近なのは太陽光線であり、[　ウ　]の代表である。他方、蛍光灯などの[　エ　]もある。このような光は、日常的に接している光であり色みを感じないが、このような光を総称して[　オ　]という。

〔語群〕

① 電磁波　　　② 磁力　　　③ 電気
④ 紫外線　　　⑤ 可視光線　⑥ ガンマ線
⑦ 自然光　　　⑧ 人工光　　⑨ 反射光
⑩ 透過光　　　⑪ イルミナント　⑫ X線
⑬ 単色光　　　⑭ 白色光　　⑮ 標準イルミナント

第 4 問　色の効用とカラーコーディネーション

次の文章の内正しい記述には①、誤った記述には②をそれぞれ解答欄に記入しなさい。

[　ア　]カラーコーディネーターという仕事は、色彩知識の習得さえおこなっていればよく、物や商品の用途や機能など考慮する必要はない。

[　イ　]カラーコーディネーションとは、「色彩を共に秩序づける」という意味である。

[　ウ　]カラーコーディネーターの仕事では、物同士の色彩的な秩序を快適に保つことよりも、新鮮で斬新な配色を提案していくことの方が重要である。

[　エ　]色は、物の美しさや快適性を左右するものではないので、色によって商品の売れ行きが大きく変わるということはない。

[　オ　]色を上手く使うことで、互いの違いを明確に際だたせたり、安全や危険を知らせたり、さらに美しく快適な環境を生みだすことができる。

第 5 問　色が見えるまで

次の文章の内正しい記述には①、誤った記述には②をそれぞれ解答欄に記入しなさい。

[　ア　]光は物理的なエネルギーの一種で、私たちの視覚を生じさせる。

[　イ　]私たちが通常見ている物体の色は、全て照明している白色光の中から選択的に反射した光である。

[　ウ　]私たちの視覚を生じさせる光を可視光線と呼ぶ。

[　エ　]標準イルミナントに近い特性の光源と、タングステン電球の光で同じ物を照明した場合、色の見え方はほぼ等しい。

[　オ　]ある色が一定に見えるためには、光と眼と物体の3つの特性を一定にしなければならない。

第6問

色が見えるまで

次の文章の内正しい記述には①、誤った記述には②をそれぞれ解答欄に記入しなさい。

[ア] 色の見え方は光の特性によって異なるので、色を見比べるときには同じ特性を持った光の下で評価すれば、明るさは考慮に入れなくてよい。

[イ] 色を伝える方法の中で精度が高いものは、XYZ表色系や$L^*a^*b^*$表色系など、光の三原色の原理を使った方法である。

[ウ] 色が見えるという現象は、物理的現象と心理的現象で成り立っている。

[エ] 2つの物体の反射特性が同じである場合は、同じ照明光の下であれば、その物体の背景色を変えても色は同じに見える。

[オ] 物理的には同じ特性を持つ色が異なって見えるという現象は、人間の心理的な現象によるものである。

第7問

色が見えるまで

次の文章の内正しい記述には①、誤った記述には②をそれぞれ解答欄に記入しなさい。

[ア] 色の面積効果は、物理的な色の見え方に関係した現象である。

[イ] 色の効果は、数多くの製品イメージのコントロールに活用されている。

[ウ] 色を伝える際、三属性のシステムを使ったXYZ表色系などでは数千色の伝達精度が得られる。

[エ] 古代ギリシャ以来、数多くの色彩調和論が論じられてきたが、これは、多くの研究者たちが色彩に普遍的な法則を探ろうとしてきたことの現れである。

[オ] 光の物理的な現象である干渉効果を利用したものに、自動車の外装色がある。

第8問

色の効用とカラーコーディネーション
色が見えるまで

次の文章中の空欄に当てはまる語句を語群より選び解答欄に記入しなさい。

1 色の働きを上手く使うことによって、互いの物の違いを際だたせたり、[ア]を知らせたり、美しく快適な環境を生みだすことができる。

〔語群〕
① 安全や危険　② 心地よい・不愉快　③ 好き・嫌い

2 物理的な色の値を計測するときには、光と眼の特性を[イ]した値が用いられている。

〔語群〕
① 対象化　② 標準化　③ 物体化

3 色を伝える方法として、精度が低く数百色の伝達が限界となる方法は[ウ]による方法である。

〔語群〕
① 光の三原色　② 色の三属性　③ 色名

4 物体の色として私たちが通常見ている色は、白色光の中から[エ]に反射または透過された光である。

〔語群〕
① 選択的　② 段階的　③ 観察的

5 色彩計画の現場では、色彩調和論と実際上の[オ]には隔たりが生じる場合がある。

〔語群〕
① 混色　② 配色　③ 色抽出

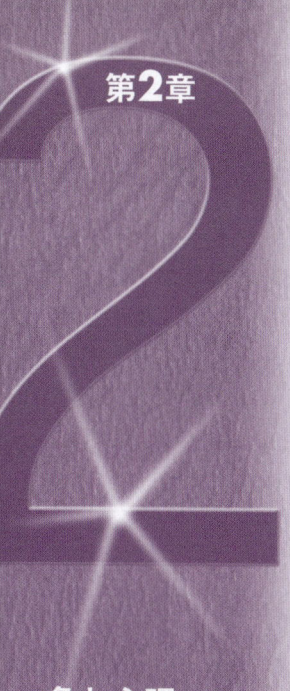

第2章 色と心理

❶色の連想と象徴
　色から何を連想するか　　第1問、第2問、第3問、第11問、
　　　　　　　　　　　　　第12問、第18問 ① ② ③ ④ ⑤
　色が象徴するもの　　　　第4問、第5問、第14問、第19問 ① ③

❷色がもたらす心理的効果
　色が心に刻むもの　　　　第6問、第19問 ② ④ ⑤
　色の三属性が表す心理的効果　第7問、第8問、第10問、
　　　　　　　　　　　　　　　第13問、第15問、
　　　　　　　　　　　　　　　第20問 ① ② ③ ⑤ 、
　　　　　　　　　　　　　　　第21問 ① ② ⑤

　　1）色相の心理的効果
　　2）明度の心理的効果
　　3）彩度と心理的効果
　そのほかの心理的効果　　第16問、第17問、第20問 ④
　色のイメージを探る　　　第9問、第21問 ③ ④

第1問

色の連想と象徴

次の文中に入る語句を語群の中から選んで解答欄に記入しなさい。

連想とは、あることを見たり聞いたり考えたりすることによって、それとつながりのある出来事や経験を思い出すことである。連想にはある観念から他の観念が引き出されるという側面があり、[　ア　]とも呼ばれる。連想は、個人の意識にある知識、経験、思想、願望あるいは気分といった[　イ　]に基づくため、個人個人でさまざまである。しかし、個人といえども、人間は何らかの[　ウ　]に属し、その中で生活しているため、その内容にも一定のまとまりが見られる。連想を呼び覚ます[　エ　]には、音や形、色などがある。色には形を超えて、人間の感性に直接的に働きかける特質がある。したがって「赤」に「太陽」、「緑」に「木の葉」のような現実的な事物につながる具体的連想と、「赤」に「情熱」、「緑」に「平和」のような精神的概念につながる[　オ　]も見られる。

〔語群〕

① 刺激　　　　　② 現象　　　　　③ 道具
④ 生理的効果　　⑤ 感情連合　　　⑥ 観念連合
⑦ 外面的要因　　⑧ 内面的要因　　⑨ 象徴的要因
⑩ 社会的集団　　⑪ 家族　　　　　⑫ 宗教団体
⑬ 抽象的連想　　⑭ 内面的連想　　⑮ 感情的連想

第2問

色の連想と象徴

次の文中に入る語句を語群の中から選んで解答欄に記入しなさい。

色は具体的なものの他に、[ア]にも結びつきやすい性質がある。例えば、喜怒哀楽、快・不快といった[イ]概念、寒暖感、軽重感といった感覚的概念、あるいは男性的、エキゾチックなどの社会的・文化的概念などがあり、このような性質を『色の[ウ]』という。また、[ア]と結びついた連想語を『色の[エ]』という。一つの色に対する具体的連想と[ア]の割合を比較すると、一般的に[オ]。

〔語群〕

① 抽象的連想　② 外面的連想　③ 理想的連想
④ 抽象性　⑤ 象徴性　⑥ 具体性
⑦ 抽象語　⑧ 具体語　⑨ 象徴語
⑩ 具体的連想の方が少ない　⑪ 具体的連想の方が多い　⑫ 同じくらいである
⑬ 感情的　⑭ 衝動的　⑮ 個人的

第 3 問

色の連想と象徴

次の文中に入る語句を語群の中から選んで解答欄に記入しなさい。

一般的に[ア]より赤、青、黒、白のような明快な色の方が連想語の多い傾向がある。また、[イ]より[ウ]の方が具体的連想に結びつきやすいとされる。調査対象者の年齢を考慮に入れた場合、幼年・少年層では、具体的な事例をあげる傾向が強い。

目には見えない抽象的概念や物事を、形や色を持った他のもので直感的にあらわすことを[エ]という。色の[エ]は、[オ]によらないコミュニケーションの重要な一部を形成している。

〔語群〕

① 象徴　　　　② 抽象　　　　③ 現象
④ 有彩色　　　⑤ 無彩色　　　⑥ 色見本
⑦ 中間色　　　⑧ 暗性色　　　⑨ 中性色
⑩ 青　　　　　⑪ 黄　　　　　⑫ 紫
⑬ 言語　　　　⑭ 動作　　　　⑮ 視覚

第4問

色の連想と象徴

次の文中に入る語句を語群の中から選んで解答欄に記入しなさい。

中国の古代哲学に[　ア　]がある。日本の飛鳥・奈良時代は、あらゆる面において中国の影響が大きい時代であった。[　ア　]では、地上の出来事は自然現象であれ、人事であれ、木・火・土・金・水の作用と循環で説明されるとした。これらの要素には象徴としての色が当てられ、それぞれの方角・季節・時刻などが配当されていた。これらの配当を、同じ要素のなかで二字ずつ組み合わせた「青春」、「[　イ　]」、「[　ウ　]」等は、私たちの身近な言葉になっている。聖徳太子の[　エ　]は、官職としての位を冠の色で定めたものである。最高位とされる徳には[　オ　]があてられ、以下の冠位には[　ア　]の規則に従って各色が当てられた。

〔語群〕

① 南北思想　　② 天竺思想　　③ 五行思想
④ 朱夏　　　　⑤ 紅夏　　　　⑥ 常夏
⑦ 玄秋　　　　⑧ 白秋　　　　⑨ 白冬
⑩ 聴色の制　　⑪ 冠位十二階の制　　⑫ 奢侈禁止令
⑬ 黒　　　　　⑭ 白　　　　　⑮ 紫

第5問

色の連想と象徴

次の文中に入る語句を語群の中から選んで解答欄に記入しなさい。

ある色からイメージするものは、国や文化圏で異なることがある。例えば、日本人がイメージする太陽は日の丸の「赤」であるが、多くの西欧諸国では、太陽のシンボルカラーは「[ア]」である。ヨーロッパ語圏で「色」を意味する言葉は、複数形になると「[イ]」を意味し、特にスペイン語では[イ]の他、[ウ]の色としての[エ]・赤・黒・緑・紫を指す。ヨーロッパでは、中世以来の騎士の伝統として、所属する集団や地位を盾の[ウ]と色によって表すことが盛んになった。[ウ]に使われる色は厳密に規定されており、前出の5色と金属の[オ]が使われた。

〔語群〕

① 白　　　　② 青　　　　③ 黄
④ 橙　　　　⑤ 黄緑　　　⑥ 赤紫
⑦ 身分　　　⑧ 農作物　　⑨ 旗
⑩ 衣服　　　⑪ 宗教　　　⑫ 紋章
⑬ 金と銀　　⑭ 金と銅　　⑮ 銀と銅

第6問　色がもたらす心理的効果

次の文中に入る語句を語群の中から選んで解答欄に記入しなさい。

色がもたらす[　ア　]の背景にはそれぞれの時代や地域における[　イ　]が投影されている場合が多い。しかし、多くの民族に共通するものもあり、例えば「[　ウ　]と危険」、「[　エ　]と死」などがあげられる。[　ア　]が起きるのは、異なる感覚器官から生じる印象同士が近似的に共通性を持つことによるものと考えられる。つまり、赤やオレンジが炎の色と似ているために、「熱さ」という皮膚感覚と連動するという場合などがその例であるが、このような感覚相互の対応性を[　オ　]という。

〔語群〕

① 色調効果　　② 心理的効果　　③ 色聴効果
④ 言語的営み　⑤ 古典的営み　　⑥ 文化的営み
⑦ 青　　　　　⑧ 緑　　　　　　⑨ 黄
⑩ 黒　　　　　⑪ 白　　　　　　⑫ 赤
⑬ 三属性　　　⑭ 共様性　　　　⑮ 共感性

第7問　色がもたらす心理的効果

次の文中に入る語句を語群の中から選んで解答欄に記入しなさい。

色の感情効果は、三属性によって強調される効果が異なる。[　ア　]では寒暖や進出・後退などが作用し、明度では[　イ　]や硬軟、[　ウ　]等が作用する。同じ重さの箱でも、高明度色と低明度色では重さの感じ方に大きな差があるといわれる。彩度は[　エ　]感との関係が深いので、大量消費をねらった商品の色などでは、[　オ　]で、かつ高彩度であることが多い。

〔語群〕

① 色相　　　　② 暖色　　　　③ 寒色
④ 低明度　　　⑤ 拡大・縮小　⑥ 膨張・収縮
⑦ 濃淡　　　　⑧ 好き嫌い　　⑨ 軽重
⑩ 派手・地味　⑪ 動静　　　　⑫ 無彩色
⑬ 有彩色　　　⑭ 高明度　　　⑮ 中明度

第8問　色がもたらす心理的効果

次の文中に入る語句を語群の中から選んで解答欄に記入しなさい。

三属性中、[　ア　]が色の感情効果に最も影響を与えるのは、軽・重感である。アメリカのカラーコンサルタント、[　イ　]が『役立つ色彩』で、商品を入れた[　ウ　]箱を[　エ　]に塗り替えたところ、運搬作業者の疲労が軽減したケースを紹介している。

その他にも、[　ア　]が大きく関わる感情効果に膨張・収縮色がある。心理学では、図形となる部分を「図」、背景となる部分を「地」と呼ぶが、「図」に円を用い、「図」と「地」になる部分をさまざまな色で組み合わせた実験では、「地」の色に対し「図」となる円の[　ア　]が高くなるにつれて、円の[　オ　]の大きさが増した。

〔語群〕

① 色相	② 明度	③ 彩度
④ 実際	⑤ 周り	⑥ 見かけ
⑦ 白い	⑧ 黒い	⑨ 灰色の
⑩ 赤	⑪ 青紫	⑫ うす緑
⑬ マンセル	⑭ シュブルール	⑮ チェスキン

第9問　色がもたらす心理的効果

次の文中に入る語句を語群の中から選んで解答欄に記入しなさい。

色の中には、一見相反するようなイメージの世界を持つものがある。例えば、黄色には[　ア　]と不安、のどかと[　イ　]などのような象徴語が対応しており、一つの色であってもきわめて多様なイメージを持っていることがわかる。このようなイメージの世界を解析する方法として、オズグッドが開発したのが[　ウ　]である。[　ウ　]では、イメージを知りたい対象についての情緒的意味の形容詞を評価項目として多数用意する。その際、「派手－地味」、「硬い－柔らかい」などの[　エ　]を両端に置き、その間の中心点から左右に2～3段階の評定尺度を設定して、複数の被験者に対象についての評価を求める。得られたデータをもとに[　オ　]という手続きを行う。

〔語群〕

① 高尚　　　　② 静寂　　　　③ 明朗
④ 情熱　　　　⑤ 注意　　　　⑥ 幸福
⑦ 色彩心理法　⑧ SD法　　　　⑨ 色彩情緒法
⑩ 反対語対　　⑪ 象徴語　　　⑫ 色名
⑬ データ抽出　⑭ 因子分析　　⑮ 心理分析

第10問　色がもたらす心理的効果

次の文章の内正しい記述には①、誤った記述には②をそれぞれ解答欄に記入しなさい。

[ア] 色の硬・軟感は、明度との関係が深い。
[イ] 彩度が色の感情効果に最も影響を与えるのは、軽・重感である。
[ウ] 企業のロゴマークや看板には、誘目性が高い赤や黄、オレンジの使用が多い。
[エ] 派手・地味によく似た心理効果に硬い・柔らかいがある。
[オ] 同じ大きさの文字を白地に黒で印刷した場合と、黒地に白で印刷した場合、前者の方が文字が太く大きく見える。

第11問　色の連想と象徴

次の文章の内正しい記述には①、誤った記述には②をそれぞれ解答欄に記入しなさい。

[ア] 一つの色に対する連想では、一般に具体的連想より抽象的連想の方が数が多い。
[イ] 人間は色によってさまざまなものを連想したり、一定の感情を呼び起こされたりするが、それは常に普遍的で地域性とは無縁である。
[ウ] 具体的連想は有彩色と結びつくことが多く、抽象的連想は無彩色と結びつきやすい。
[エ] 喜怒哀楽といった感情的概念と、エキゾチック・崇高といった文化的概念の双方が抽象的連想にはある。
[オ] 色は、言語では表現しにくい抽象的概念を表現する性質があり、これを色の心理という。

第12問 色の連想と象徴

次の文章の内正しい記述には①、誤った記述には②をそれぞれ解答欄に記入しなさい。

[ア] 色は現実の事物につながる具体的な連想を呼び覚ます力があるが、白=清潔、黒=不安といった連想もその例である。

[イ] 一つの色に対する具体的連想は、中間色より明快な色のほうが連想語は多い傾向にある。

[ウ] 「黄はレモン」、「青は空」といった連想は、色の具体的連想の例であり、「レモン」や「空」をこの場合の連想語という。

[エ] 色の連想において、幼年・少年層は抽象的事例を、年令層が上がるにつれて具体的事例をあげる傾向が強い。

[オ] 赤・オレンジ・黄という色の感覚が、炎の色と似ていることで熱さという皮膚感覚と連動することは、決してない。

第13問 色がもたらす心理的効果

次の文章の内正しい記述には①、誤った記述には②をそれぞれ解答欄に記入しなさい。

[ア] 色の寒暖感は、色相の心理的効果である。

[イ] 色の進出・後退感は、まず明度に左右される。

[ウ] 中間色である紫と緑では、紫が進出色で、緑が後退色である。

[エ] 色の軽・重感は、明度と関係が深い。

[オ] 純色に白を加えてできる色群をシェードという。

第14問　色の連想と象徴

次の文章の内正しい記述には①、誤った記述には②をそれぞれ解答欄に記入しなさい。

[ア] 象徴とは、眼に見えない抽象的概念や物事を、形や色を持った他のもので直感的に表すことをいう。

[イ] 言語によるコミュニケーションが未発達な時代には、色の象徴性は言語に代わる役割を果たしていた。

[ウ] 古代中国の五行思想や聖徳太子の冠位十二階の制度などは、「色の具体的連想」の例である。

[エ] 中世以来のヨーロッパでは紋章に使われる色で身分や所属する集団を表現し、また一つ一つの色が忠誠や勇気といった意味を象徴していた。

[オ] 色が呼び起こす感情効果には、多くの民族の間に共通する普遍的なものなど存在しない。

第15問　色がもたらす心理的効果

次の記述のうち、正しいものを1つ選んで解答欄に記入しなさい。

[ア] 赤やオレンジといった色から「熱さ」という感覚がおきることを感覚器官の共様性という。

[イ] 色の感情効果は色感覚からくるもので、他の感覚との共感覚はほとんどない。

[ウ] 寒暖といった感覚は皮膚感覚なので、その感覚と視覚は関連性があるとはいえない。

第16問 色がもたらす心理的効果

次の記述のうち、正しいものを1つ選んで解答欄に記入しなさい。

[ア]色のイメージは、一つの色に対しても相反する意味を感じさせることがあり、イメージを分析することは容易ではない。その解析方法のひとつがKD法である。

[イ]色の三属性と感情効果には強い関連性があり、属性それぞれに現れる効果が異なる。

[ウ]「光滲」とは、図色が背景色より暗い色の場合、実際の面積より大きく感じられる現象のことである。

第17問 色がもたらす心理的効果

次の記述のうち、正しいものを1つ選んで解答欄に記入しなさい。

[ア]純色に黒を加えてできた色群を明清色という。

[イ]色の彩度は低いほど地味な印象で、高彩度に移るにしたがって派手な印象になる。

[ウ]明度は色の軽・重、硬・軟、収縮・膨張などに関わり、色相は地味・派手といった感覚に関わる。

第18問

色の連想と象徴

次の文章中の空欄に当てはまる語句を語群より選び解答欄に記入しなさい。

1 赤い色を見たら夕焼けを思い起こし、そしてさらに美しいバリ島の夕焼けを思い起こした。このように、ある観念から別の観念が引き出される側面が連想にはある。そのため連想は[ア]とも呼ばれる。

〔語群〕
① 観念連合　② 観念運動　③ 観念活動

2 色の連想で、「喜び」や「孤独」といった心的・情緒的反応に及ぶ連想のことを[イ]という。

〔語群〕
① 具体的連想　② 客観的連想　③ 抽象的連想

3 ある色の刺激に対して思い起こされる[ウ]は、一人あたりせいぜい10語程度である。

〔語群〕
① 連想語　② 反対語　③ 想像語

4 [エ]は比較的、有彩色より無彩色の方が結びつきやすい。

〔語群〕
① 具体的連想　② 主観的連想　③ 抽象的連想

5 [オ]によって、言語では表しにくい空間や社会的・宗教的規範のような抽象的概念を表すことができる。

〔語群〕
① 色の三属性　② 色の象徴性　③ 色の具体性

第19問

色の連想と象徴
色がもたらす心理的効果

次の文章中の空欄に当てはまる語句を語群より選び解答欄に記入しなさい。

1 キリスト教において、天国と真実の象徴であり、魔よけの色ともされていた色は[ア]である。

〔語群〕
① 赤　　② 白　　③ 青

2 キリスト教文化圏においてさまざまな背景から、裏切り、臆病などの、どちらかといえばマイナスの意味をもつ色は[イ]である。

〔語群〕
① 黒　　② 灰　　③ 黄

3 聖徳太子の時代、最高位とされる徳には紫があてられ、官職の位を冠の色で定めた制度を[ウ]という。

〔語群〕
① 冠位十二階の制　　② 官職の制　　③ 五行思想

4 [エ]は、背景のフィヨルドの空が赤・オレンジ・黄色に彩られ、極度の興奮、不安、緊張を感じさせる作品である。

〔語群〕
① ピカソの『人生』　　② ムンクの『叫び』　　③ レオナルド・ダ・ヴィンチの『最後の晩餐』

5 ある色を見たとき、その色のイメージに加えて視覚以外の感覚が呼び起こされ連動することがあるが、これを[オ]という。

〔語群〕
① 色の普遍性　　② 色の共様性　　③ 色の関連性

第20問

色がもたらす心理的効果

次の文章中の空欄に当てはまる語句を語群より選び解答欄に記入しなさい。

1 大量消費をになう大衆をターゲットとした商品のパッケージ、企業のロゴマークや看板には、赤や黄、オレンジを組み合わせた、人目を引く色が使われることが多い。このような色の機能を[ア]という。

〔語群〕
　① 視認性　　② 明確性　　③ 誘目性

2 色の三属性の中で、彩度は色の派手・地味感との関連が深いが、派手・地味感によく似た心理効果として[イ]がある。

〔語群〕
　① 明・暗感　　② 軽・重感　　③ 清・濁感

3 色の三属性の中で、温度感に最も影響するのは[ウ]である。

〔語群〕
　① 彩度　　② 色相　　③ 明度

4 一般的には赤やオレンジ、黄は近くに感じられ、青や紫は遠くに感じられる。このような感覚を[エ]という。

〔語群〕
　① 色の視認性　　② 色の進出・後退感　　③ 色の膨張・収縮感

5 ベビー用品の色は、柔らかい赤ちゃんの肌にマッチするイメージであるが、これは[オ]を考慮して配色されたものである。

〔語群〕
　① 色の高低感　　② 色の比重感　　③ 色の硬軟感

第21問　色がもたらす心理的効果

次の文章中の空欄に当てはまる語句を語群より選び解答欄に記入しなさい。

1 商品を入れた黒い箱をうすい緑に塗り替えたところ、運搬の作業者の疲労度が軽減したケースを著書『役立つ色彩』で紹介したのは[　ア　]である。

〔語群〕
① チェスキン　　② アボット　　③ ビレン

2 今世紀初頭に登場した、絵の具に代表されるピグメント・カラーを用い、色の心理的三属性を尺度として体系化したシステムは[　イ　]である。

〔語群〕
① オストワルト表色系　　② マンセル表色系　　③ XYZ表色系

3 色のイメージを分析するために、形容詞の反対語の対を両端に置き、尺度を設定して調べる方法を[　ウ　]という。

〔語群〕
① KJ法　　② OS法　　③ SD法

4 意味微分法において、オズグッドの意味空間で反対語対の評価結果を図表上にプロットし、評価点を線でつないで作られるグラフのことを[　エ　]という。

〔語群〕
① コンセプト　　② データー　　③ プロフィール

5 純色に白を加えてできる色群を伝統的に[　オ　]と呼んで、黒を加えた色群と区別する。

〔語群〕
① ティント　　② シェード　　③ ヴァリュー

第3章 色を表し、伝える方法

❶色の表示方法とその特徴
　色を伝える方法　　**第1問、第17問②**
　　1）色見本方式
　　2）色名方式
　色名体系の種類　　**第2問、第3問、第8問、第9問、**
　　　　　　　　　　第13問、第18問⑤
　　1）慣用色名
　　2）系統色名
　系統色名の略号化
　　1）有彩色の場合
　　2）色みを帯びた無彩色の場合

❷カラーオーダシステムによる方法
　カラーオーダシステムとは
　マンセルシステム　**第4問、第10問、第14問、**
　　　　　　　　　　第17問、①③④⑤、第18問①④、
　　　　　　　　　　第19問②③④
　　1）色相（Hue：H）
　　2）明度（Value：V）
　　3）彩度（Chroma：C）
　マンセルシステムによる色表示の仕方　**第19問⑤**
　色の三属性とトーンの関係
　CCIC　**第6問、第11問、第19問①**
　　1）色相
　　2）有彩色のトーン
　　3）無彩色のトーン
　NCS　**第7問、第16問、第18問③**
　PCCS　**第5問、第12問、第15問、第18問②**
　　1）PCCS色相
　　2）PCCS明度
　　3）PCCS彩度
　　4）PCCSのトーン
　　5）PCCSと色彩調和論

33

第1問

色の表示方法とその特徴

次の文中に入る語句を語群の中から選んで解答欄に記入しなさい。

数多くの色の中から特定の色を伝えるには、相互に決まりごとを作っておく必要がある。普通、色を伝えるには大別して実物で伝える[ア]と言葉で伝える色名方式が一般的に用いられている。日本工業規格（JIS）では、色名方式で表された色名体系を2種類定めている。一つは、日常生活で特に必要となる色のイメージを区別するために使われている[イ]で、もう一つは、特定の修飾語と[ウ]を組み合わせて表現する[エ]である。[エ]の中で、例えば「明るい」は、明度と[オ]に関する修飾語の一種であり、「緑みの」は、色相に関する修飾語である。

〔語群〕

① 伝統色名　　② 抽象色名　　③ 慣用色名
④ 物体色名　　⑤ 系統色名　　⑥ 基本色名
⑦ 体系色名　　⑧ 色見本方式　⑨ 実物方式
⑩ 慣用方式　　⑪ トーン　　　⑫ 配色
⑬ 彩度　　　　⑭ 無彩色　　　⑮ 色記号

第2問　色の表示方法とその特徴

次の文中に入る語句を語群の中から選んで解答欄に記入しなさい。

　JISでは色名方式で表わされた色名体系が2種類あって、それらは[　ア　]と[　イ　]とに大別されている。[　ア　]は、ある時代に一般的によく使われ、定着し、それの固有な色であるかのように伝わっているもので、「朱色」などがある。これは言われただけで、どんな色なのかイメージしやすい。しかし中には[　ウ　]のようにその色名だけではイメージしにくいものもある。これはその色が使われるようになった時代、文化、地域性などを共有している人々の間で用いられたものである。

一方、[　イ　]は、色の様子を組み立てた色名であり、明度及び彩度に関する修飾語と色相に関する修飾語を[　エ　]につけたもので、先の例の[　ウ　]を[　イ　]で表わすと[　オ　]というふうになる。

〔語群〕
① 明るい緑みの青　　② 伝統色名　　③ 肌色
④ 系統色名　　　　　⑤ 代表色名　　⑥ 体系色名
⑦ 藤色　　　　　　　⑧ 暗い紫みの青　⑨ 基本色名
⑩ 新橋色　　　　　　⑪ 古典色名　　⑫ 修飾色名
⑬ こい青緑　　　　　⑭ 慣用色名　　⑮ 伝達色名

第3問　色の表示方法とその特徴

次の文中に入る語句を語群の中から選んで解答欄に記入しなさい。

日本工業規格JISで制定されている系統色名では、色をシステマティックに表すことができる。例えば、慣用色名で表された色を系統色名で言い換えると、「うこん色」は強い[　ア　]、「ターコイズブルー」は明るい[　イ　]になる。また無彩色については、基本色名が灰色の場合のみ[　ウ　]に関する修飾語を使うことができるが、色相を表す修飾語は全てにつけることができる。例えば、「利休鼠」は[　エ　]の灰色、また「鉛色」は[　オ　]の灰色となる。

〔語群〕

① 黒　　　　　　② 緑　　　　　　③ 赤みの黄
④ 黄　　　　　　⑤ 紫みの青　　　⑥ 緑みの青
⑦ 青　　　　　　⑧ 緑み　　　　　⑨ 黄み
⑩ 赤み　　　　　⑪ 青み　　　　　⑫ 紫み
⑬ 彩度　　　　　⑭ 明度　　　　　⑮ 色調

第4問

カラーオーダシステムによる方法

次の文中に入る語句を語群の中から選んで解答欄に記入しなさい。

[ア]は物体色を順序よく配列し、合理的な方法または計画で標準化した表色体系のことである。中でもアメリカの画家で美術教師であった[イ]が1905年に考案したものが有名であるが、そこでは色の見えを分類するために[ウ]、明度、[エ]の3つの尺度を使っている。[ウ]は赤、黄、青などのような色みのことであり、明度は色の明るさ、[エ]は色の鮮やかさのことである。これらをあわせて「色の三属性」という。

アメリカ光学会(OSA)がこの表色系を測色した結果、色票間で測色値にむらがあったため、並び方に[オ]をもつように修正され、1943年に修正[イ]システムとして再び発表された。

〔語群〕

① 等差性　　　　　　　② オストワルト　　　③ 色調
④ カラースキーム　　　⑤ 純度　　　　　　　⑥ ヘリング
⑦ カラーオーダシステム　⑧ 彩度　　　　　　　⑨ 均衡性
⑩ マンセル　　　　　　⑪ 色相　　　　　　　⑫ 均等性
⑬ カラークロマティックス　⑭ 色名　　　　　　⑮ 飽和度

第5問　カラーオーダシステムによる方法

次の文中に入る語句を語群の中から選んで解答欄に記入しなさい。

PCCSは、[　ア　]を主な目的に開発されたものである。色知覚の基本的特性を色相（PCCS色相）、明度（PCCS明度）、彩度（PCCS彩度）で表示し、さらに明度と彩度の複合的な構成である[　イ　]と色相の組み合わせで表示できるようになっている。
[　イ　]は各色相の純色、白、黒を頂点とする三角形の中に位置づけることができ、いちばん明度の高い[　イ　]は[　ウ　]であり、いちばん彩度の高い[　イ　]は[　エ　]である。また、配色の際、色同士の色相差に注目すると、色相差1から3は「[　オ　]の調和」、8以上は「対照の調和」と呼ばれている。

〔語群〕

① 隣接　　　　② 色彩連想　　　③ コーディネーション
④ ブライト　　⑤ 類似　　　　　⑥ ディープ
⑦ 色彩記号　　⑧ トーン　　　　⑨ ペール
⑩ 中差　　　　⑪ ビビッド　　　⑫ ホワイト
⑬ 色彩調和　　⑭ システム　　　⑮ ストロング

第6問　カラーオーダシステムによる方法

次の文中に入る語句を語群の中から選んで解答欄に記入しなさい。

色を順序よく配列し、合理的な方法で標準化した表色体系をカラーオーダシステムといい、[　ア　]システムやNCS、PCCS、CCICなどがある。[　ア　]システムは、1905年、アメリカの美術教師[　ア　]が考案したもので、後に修正されたものが「JIS標準色票」で採用されている。NCSはドイツの生理学者である[　イ　]が示した色の自然な体系に基づいてつくられ、[　ウ　]の国家規格に制定されたもので、[　エ　]に基づき人間の知覚量を記述することを目的としている。日本で開発されたPCCSの特徴は、明度と彩度の複合概念であるトーンにあり、色相とトーンで色を表示することができる。また、2000年に商工会議所が発表したCCICも色相とトーンによる体系であるが、有彩色では低彩度領域のトーン、無彩色領域では[　オ　]を重視している点が大きな特徴である。

〔語群〕

① マンセル　　　② オストワルト　　③ ヘルムホルツ
④ ジャッド　　　⑤ ヘリング　　　　⑥ ヤング
⑦ アメリカ　　　⑧ ドイツ　　　　　⑨ スウェーデン
⑩ 物理的尺度　　⑪ 心理的尺度　　　⑫ 調和的尺度
⑬ 高明度色　　　⑭ 低明度色　　　　⑮ 中明度色

第7問　カラーオーダシステムによる方法

次の文中に入る語句を語群の中から選んで解答欄に記入しなさい。

[　ア　]は、ドイツの生理学者ヘリングが発表した体系をもとにスウェーデン国家規格に制定された表色系である。表示には「[　イ　]」、「クロマチックネスつまり[　ウ　]」、「色相」が用いられる。

「あさぎいろ」をNCSで表示すると「2060-B10G」となる。前半の2060は、その色の[　イ　]が20％で、[　ウ　]が60％という構成であることを示し、B10Gは、色相が、青[　エ　]％、緑[　オ　]％で構成されていることを示している。

〔語群〕

① PCCS　　　　② CCIC　　　　③ NCS
④ トーン　　　　⑤ 色み　　　　⑥ 原色
⑦ 混色　　　　⑧ 黒み　　　　⑨ 飽和度
⑩ 90　　　　　⑪ 10　　　　　⑫ 20
⑬ 60　　　　　⑭ 40　　　　　⑮ 80

第8問　色の表示方法とその特徴

次の文章の内正しい記述には①、誤った記述には②をそれぞれ解答欄に記入しなさい。

[ア] JIS系統色名で新橋色を表わすと「明るい緑みの青」になるが、この場合の「明るい」は「明度および彩度に関する修飾語」の一種である。

[イ] JIS系統色名で、色みを帯びた無彩色を表現する場合は、「黄みを帯びた赤みの灰」のように表す。

[ウ] 慣用色名は、日常生活で必要とされる色のイメージを区別するために使われることが多く、同じ色を違う色名で呼ぶことは考えられない。

[エ] JIS系統色名で、「ベビーピンク」は「うすい赤」になり、「オールドローズ」は「やわらかい赤」になる。

[オ] 色を伝える方法には、大きく分けて言葉で伝える色名方式と、色のイメージで伝える色見本方式がある。

第9問　色の表示方法とその特徴

次の文章の内正しい記述には①、誤った記述には②をそれぞれ解答欄に記入しなさい。

[ア] ばら色、カナリヤ色、空色などは慣用色名である。

[イ] カーマインに対応するJISの系統色名は、「あざやかな紫」である。

[ウ] JISの規定では、無彩色の系統色名には、色みを帯びた無彩色と無彩色の2種がある。

[エ] 慣用色名は、身辺に見かける動物、植物、鉱物、自然環境の色の中の実物の名称に色を付して色名としたものだけのことを言う。

[オ] 系統色名では、基本色名に明度および彩度に関する修飾語と、色相に関する修飾語を両方とも必ずつけなければならない。

第10問　カラーオーダシステムによる方法

次の文章の内正しい記述には①、誤った記述には②をそれぞれ解答欄に記入しなさい。

[　ア　]マンセル表色系の明度段階は、理想的な白を最も明るい色、理想的な黒を最も暗い色とし、その間を知覚的に等間隔になるよう分割している。

[　イ　]マンセル表色系の色相は10種類で、日本語名では、赤、橙、黄、黄緑、緑、緑みの青、青、青紫、紫、赤紫である。

[　ウ　]マンセルの色相はヒュー、明度はバリュー、彩度はクロマである。

[　エ　]マンセル表色系の彩度は、カラフルネス、知覚クロマ、飽和度の3つに分けなければならない。

[　オ　]マンセル色立体は、きれいな球体である。

第11問　カラーオーダシステムによる方法

次の文章の内正しい記述には①、誤った記述には②をそれぞれ解答欄に記入しなさい。

[　ア　]CCICは色相と彩度を基礎とした色彩体系である。

[　イ　]CCICの色相は、大きく6つの色域に分類されており、それはマンセルシステムの基本5色相にオレンジを加えたと考えてよい。

[　ウ　]CCICでの有彩色のトーン分割では、デザインの現場で非常によく使われる低明度領域のトーンを重視しているのが大きな特徴である。

[　エ　]CCICのトーン分割表の中で、彩度が一番高いトーンはvh（ビビッドハイ）である。

[　オ　]CCICでは無彩色の分割を示す明度軸を10段階に分割している。

第12問　カラーオーダシステムによる方法

次の文章の内正しい記述には①、誤った記述には②をそれぞれ解答欄に記入しなさい。

- [　ア　] PCCSでは、各色相の純色の彩度を「10s」と定義し、それらはビビッドトーンの色票で見ることができる。
- [　イ　] PCCS明度は、知覚的等歩度性に基づいて白から黒までを17分割している。
- [　ウ　] PCCSでは、黄の純色は明度が高く青紫の純色の明度は低いため、この2色を異なるトーンに分類している。
- [　エ　] PCCSの色相差に注目すると、色相差4〜7は類似色相と言える。
- [　オ　] PCCS色相はNCS表色系と同様、主要原色を赤、黄、緑、青としている。

第13問　色の表示方法とその特徴

次の記述のうち、正しいものを1つ選んで解答欄に記入しなさい。

- [　ア　] JIS系統色名で、「青みの」という色相に関する修飾語が使える基本色名は、緑、紫、白、灰色、黒である。
- [　イ　] JIS系統色名の有彩色における明度および彩度に関する修飾語のうち、一番明度が高い表現は「うすい」になる。
- [　ウ　] JIS系統色名で、無彩色の明度に関する修飾語は、「明るい」「中位の」「暗い」の3種である。

第14問

カラーオーダシステムによる方法

次の記述のうち、正しいものを1つ選んで解答欄に記入しなさい。

[　ア　]マンセル表色系では、尺度化された三属性の数値を、彩度、明度、色相の順に連記する。

[　イ　]赤紫は、色相環上にはあるが光のスペクトル中に存在しない。

[　ウ　]サングラスやカラースライドのような透過色の明暗は、「明度」ではなく「輝度」を使う。

第15問

カラーオーダシステムによる方法

次の記述のうち、正しいものを1つ選んで解答欄に記入しなさい。

[　ア　]CCICはカラーコーディネーターやデザイン専門家の配色実務に適合するよう作られており、高彩度領域のトーンを重視しているのが特徴である。

[　イ　]NCSの色の表示は黒色度(黒み)、クロマチックネス(色み)、反射率で表す。

[　ウ　]PCCSは、色彩調和を主な目的として開発されたもので、配色計画に適している。

第16問

カラーオーダシステムによる方法

次の記述のうち、正しいものを1つ選んで解答欄に記入しなさい。

[　ア　]CCICの表示方法は有彩色の場合、色相記号、ハイフン、トーン記号の順に記し「R3-vv」というように表す。

[　イ　]NCSの表示例で「5020-Y60R」の場合、「60」は赤みの比率を表す数字である。

[　ウ　]PCCSのトーンで、「s」はソフトトーンのことである。

第17問

色の表示方法とその特徴
カラーオーダシステムによる方法

次の文章中の空欄に当てはまる語句を語群より選び解答欄に記入しなさい。

1 [ア]は、色相の変化を系統的に表すために色票を環状に並べ示したもので、通常各色みの純色で構成されている。

〔語群〕
① 色票系　② 色度図　③ 色相環

2 [イ]は色を伝える方法のひとつで、標準色票や色を表している実物を塗板や染色布などに仕立てて表示するやり方であり、番号や記号をふる事もある。

〔語群〕
① 色見本方式　② 色名方式　③ 記号方式

3 表色系において[ウ]は、「同じ程度の色の違いに見える色同士は、同じ距離の値になるように目盛りづけをする」という意味で、マンセルやCCICの色相などはこれに基づいている。

〔語群〕
① 心理尺度　② 測量的等歩度　③ 知覚的等歩度

4 「鮮やかさ」の概念の中で、表面色よりも有彩の発光物体または照明光に対して知覚される「鮮やかさ」のことを[エ]という。

〔語群〕
① 輝度　② 飽和度　③ 反射度

5 色の三属性である色相・明度・彩度を三次元で表現したもので、中心軸に無彩色段階、周囲に色相環を配列したものを[オ]という。

〔語群〕
① 色立体　② 色段階　③ 色系統

第18問

色の表示方法とその特徴
カラーオーダシステムによる方法

次の文章中の空欄に当てはまる語句を語群より選び解答欄に記入しなさい。

1 [ア]は、色立体を無彩色軸を通る垂直面で切り、取り出した右半分または左半分のことで、同じ色相の色が明度と彩度に応じて並んでおり、トーンに分けることができる。

〔語群〕
① 等明度断面　② 等色相断面　③ 等彩断面

2 [イ]のシステムでは、色相は主要4原色を定め、その心理補色を原色の対向位置に配置し中間の色相を補って色相環としている。明度は知覚的等歩度性に基づいて17分割され、色彩調和に適したシステムとして広く用いられている。

〔語群〕
① NCS　② PCCS　③ マンセル

3 [ウ]は、産業界での注目度が高い表色系で、心理的尺度に基づき人間の知覚量を記述することを目的としている。色は黒み、色み、色相で表示される。

〔語群〕
① NCS　② PCCS　③ CCIC

4 「明度」が物体の表面色について表す用語なのに対し、テレビやネオンサインのような光源色についての明暗を表す用語は[エ]である。

〔語群〕
① 飽和度　② 輝度　③ 濃度

5 [オ]は、「うすい紫みの赤」などのように、基本色名に明度・彩度に関する修飾語と色相に関する修飾語がついた形が多く、JISではこの総数を350色名としている。

〔語群〕
① 系統色名　② 伝統色名　③ 慣用色名

第19問　カラーオーダシステムによる方法

次の文章中の空欄に当てはまる語句を語群より選び解答欄に記入しなさい。

1 ［　ア　］は、明度、彩度の複合的な構成であり、色相と合わせて、色を分かりやすく表示することができる。CCICではvd、dlなど、PCCSではp、sなどの記号で表している。

〔語群〕
　① クロマ　　② カラフルネス　　③ トーン

2 マンセルシステムで、黄赤、黄緑、青緑などは［　イ　］という。

〔語群〕
　① 基本色相　　② 中間色相　　③ 類似色相

3 一般的に、白と黒の間に灰色群を明るい順に並べたもので明度の判定基準に用いられるものを［　ウ　］という。

〔語群〕
　① 等色スケール　　② 無彩色スケール　　③ 知覚スケール

4 ［　エ　］は、照明光で照らされた有彩色の物体の色の鮮やかさのことで、それは低輝度から高輝度になるにしたがって増加する。

〔語群〕
　① カラフルネス　　② ヴァリュー　　③ ヒュー

5 ［　オ　］は、マンセルシステムの色表示例で、5Rが色相、14が彩度、5が明度を表しており、あざやかな赤を示す。

〔語群〕
　① 5R14-5　　② 5R5/14　　③ 5R14/5

第4章 配色と色彩調和

❶ 色彩調和の考え方
　色の属性別の配色
　　色相差による配色　　第1問、第2問、第4問、
　　　　　　　　　　　　第15問④⑤、第16問③、第20問①③、
　　　　　　　　　　　　第21問④、第22問①③④、第24問④
　　　　1）色相類似系の配色
　　　　2）色相対照系の配色
　　明度差による配色　　第3問、第24問⑤
　　　　1）明度類似系の配色
　　　　2）明度類似系の配色に明瞭性をもたせる手法
　　　　3）明度対照系の配色
　　彩度差による配色　　第9問、第16問①⑤、第20問⑤、
　　　　　　　　　　　　第21問③、第24問①②
　　　　1）彩度類似系の配色
　　　　2）彩度対照系の配色
　　トーン差による配色　第5問、第10問、第11問、
　　　　　　　　　　　　第15問①②③、第16問②④、
　　　　　　　　　　　　第20問②④、第21問①②⑤、
　　　　　　　　　　　　第22問②
　　トーン類似系の配色
　　　　1）同一トーンの配色
　　　　2）類似トーンの配色
　　　　3）トーン対照系の配色

❷ 主な色彩調和論と調和の原則　　第6問、第7問、第12問、
　　　　　　　　　　　　　　　　　第13問、第14問
　　シュブルールの調和論　　第17問③、第23問②
　　　　1）類似の調和
　　　　2）対照の調和
　　オストワルトの調和論　　第18問③④、第19問①②③④⑤、
　　　　　　　　　　　　　　第23問①⑤
　　　　1）色相における調和
　　　　2）等色相三角形における調和
　　ムーン-スペンサーの調和論　　第8問、第17問①④、
　　　　　　　　　　　　　　　　　第22問⑤
　　ジャッドの調和論に対する見解　　第17問②⑤、
　　　　　　　　　　　　　　　　　　第18問①②⑤、
　　　　　　　　　　　　　　　　　　第23問③④、第24問③
　　　　1）秩序の原理
　　　　2）親近性の原理
　　　　3）共通性の原理
　　　　4）明白性の原理

第1問

色彩調和の考え方

次の文中に入る語句を語群の中から選んで解答欄に記入しなさい。

色相類似系の配色の利点は、多色を用いても[ア]にまとまりを持たせられるので、失敗が少ない点である。色相類似系には、同一色相配色、隣接色相配色、[イ]が含まれる。隣接色相配色は、色相差が[ウ]の配色で、[エ]の調和論では、不調和な配色に分類されるが、実際の配色例では、同一色相配色同様、微妙な色相差が色表現に味わいをもたらすことのほうが多い。色相対照系の配色は、中差色相配色、対照色相配色、[オ]に分かれる。どの配色も、対立的なイメージの色相を組み合わせることが特徴であり、[オ]は24色相の場合、色相差が11〜12離れた配色である。

〔語群〕

① トーン　　　　　② 彩度類似　　　　③ イメージ
④ 明度　　　　　　⑤ 3　　　　　　　⑥ 明度類似配色
⑦ オストワルト　　⑧ 類似色相配色　　⑨ ムーン-スペンサー
⑩ 補色色相配色　　⑪ 1.5　　　　　　⑫ ジャッド
⑬ 彩度　　　　　　⑭ 1　　　　　　　⑮ 対比色

第2問

色彩調和の考え方
主な色彩調和論と調和の原則

次の文中に入る語句を語群の中から選んで解答欄に記入しなさい。

自然界に見られる天然素材の色や自然の風景の中には、色相類似系の配色が多く見られる。アメリカの自然科学者[　ア　]は自然界の中で、多くみられる色の変化を[　イ　]と表現した。また、この法則を守り、配色の際、[　ウ　]みに近い色相の明度を明るく、青紫みに近い色相の明度をより暗くする配色を[　エ　]と呼んだ。このような配色は自然界で見られる光と影とによって生まれる色彩に近く、違和感を感じない。アメリカのジャッドは、このような自然界にみられる色の変化にのっとった配色調和の原理を[　オ　]の原理としてまとめている。

〔語群〕

① Natural harmony　② 色相の自然連鎖　③ Shadow harmony
④ マンセル　　　　　⑤ 赤　　　　　　　⑥ ルード
⑦ 秩序性　　　　　　⑧ 親近性　　　　　⑨ ジョンソン
⑩ Complex harmony　⑪ 黄　　　　　　　⑫ 色彩の秩序的連鎖
⑬ 光と影の法則　　　⑭ グラデーション　⑮ 緑

第3問　色彩調和の考え方

次の文中に入る語句を語群の中から選んで解答欄に記入しなさい。

色を見分ける際、明度を手掛かりにすることは多い。したがって明度類似系、明度対照系というように明度の差によって分類することも可能である。明度類似系の配色とは、マンセル明度で[　ア　]程度までの差がある配色をさす。明度差の少ない配色では、感情効果として、軽重感や[　イ　]を表現することができる。ただし、明度差が少ないと、色の境界が見分けにくくなるので、境界を明らかにする[　ウ　]という手法を用いることも多い。明度差が大きい配色は[　エ　]が高く、明快な配色効果が得られるので、[　オ　]などによく用いられる。

〔語群〕

① 3
② 交通標識
③ 4
④ グラデーション
⑤ 硬軟感
⑥ インテリアデザイン
⑦ トリミング
⑧ 対比性
⑨ セパレーション
⑩ 寒暖感
⑪ 存在感
⑫ 視認性
⑬ 1.5
⑭ 誘目性
⑮ テーブルコーディネーション

第4問

色彩調和の考え方

次の文中に入る語句を語群の中から選んで解答欄に記入しなさい。

色相の隔たりが大きく、暖色系と寒色系など互いに対立的なイメージの色相を組み合わせる配色を色相[ア]系の配色という。色相の変化が大きいので統一感を与える方法として、似た感じの[イ]を用いる手法がよく使われる。この分類に入るもので24色相の場合の色相差が4〜7の配色を[ウ]色相配色と呼び、アジアの伝統的な色使いには多く見られるものである。色相差[エ]の関係は[ア]色相配色となり、活動的でダイナミックなイメージを与える配色となる。また、色相関係が補色の関係となる配色では、特に高彩度の色を使うと[オ]なイメージとなる。

〔語群〕

① 対照　　② 類似　　③ トーン
④ 調和　　⑤ 階調　　⑥ 連鎖
⑦ 同一　　⑧ 中差　　⑨ 明度
⑩ 1〜3　　⑪ 4〜7　　⑫ 8〜10
⑬ 刺激的　⑭ おだやか　⑮ まとまりのある

第5問

色彩調和の考え方

次の文中に入る語句を語群の中から選んで解答欄に記入しなさい。

トーンは、日本語に直すと［　ア　］ということになるが、色の三属性である色相、明度、彩度のうち、彩度と［　イ　］を組み合わせた概念である。また、色立体の［　ウ　］を適当な領域に区分けした場合の概念と言うこともできる。トーンを用いると、色相が異なってもトーン個別のイメージ特徴がつかみやすく、配色における［　エ　］が容易になる。実際の配色作業の現場では、一つ一つの色のトーンが明確にわかっていることは少ないが、純色は鮮やかで冴えた感じ、明清色は明るく［　オ　］感じ、というようにイメージの共通性を考えて配色することになる。

〔語群〕

① 配色　　　　　　② 色調　　　　　　③ 統一
④ 明度　　　　　　⑤ 色相　　　　　　⑥ 無彩色
⑦ 色度図　　　　　⑧ 色空間　　　　　⑨ 等色相断面
⑩ イメージの対立　⑪ イメージのコントロール　⑫ イメージの連続
⑬ 濁った　　　　　⑭ 軽い　　　　　　⑮ 澄んだ

第6問　主な色彩調和論と調和の原則

次の文中に入る語句を語群の中から選んで解答欄に記入しなさい。

色彩調和論とは、色と色との調和について、一定の法則を見出そうとするものである。古来より様々な調和論が論じられてきた。フランスのゴブラン織りの研究者であった［　ア　］は、色彩調和を色相とトーンという視点で論じている。彼は、調和する色彩を、類似、対照の2つに分類している。

また、ドイツの科学者であり色彩学者のオストワルトは、「色は、白、黒、［　イ　］の総和からなる」と考え、その考えを表現するオストワルトシステムを創った。その中で彼は「調和は秩序に等しい」とし、オストワルト色立体において、等白系列、等黒系列、等純系列、［　ウ　］という色系列における調和を唱えた。

一方、ムーン-スペンサーはマンセルシステムをもとに、［　エ　］間の関連性から、調和・不調和の領域を定義したり、［　オ　］を計算式によって導き出そうと試みた。

〔語群〕
① 等価値系列　　② ゴッホ　　　③ 美観
④ 美度　　　　　⑤ 純色　　　　⑥ 彩度
⑦ シュブルール　⑧ 色相　　　　⑨ 等色相系列
⑩ 明度　　　　　⑪ 調和度　　　⑫ 等明度系列
⑬ ゲーテ　　　　⑭ 色み　　　　⑮ 三属性

第7問 主な色彩調和論と調和の原則

次の文中に入る語句を語群の中から選んで解答欄に記入しなさい。

色彩調和論には、さまざまなものがあるが、大きく分けると、色彩調和を音楽の[ア]になぞらえたもの、[イ]の関係に着目したもの、類似性・対照性に関連付けたものの3種類が見られる。初期の調和論には、主観的なものが多く、[ウ]の調和が主な論点になっている。ジャッドはこうした数々の調和論を[エ]の原理、親近性の原理、共通性の原理、明白性の原理の4つにまとめている。現実の色彩計画では、これら原則のほかに、素材、デザイン、用途、[オ]など、多くの観点を取り入れて調和を考えていかなければならない。

〔語群〕

① トーン　　　　② 旋律　　　　③ 時代性
④ 和音　　　　　⑤ 秩序性　　　⑥ 協調性
⑦ 面積比　　　　⑧ 三属性　　　⑨ 色相
⑩ ファッション　⑪ 明度　　　　⑫ 補色
⑬ 調和性　　　　⑭ 趣味性　　　⑮ 音階

第8問　主な色彩調和論と調和の原則

次の文中に入る語句を語群の中から選んで解答欄に記入しなさい。

[　ア　]は、色彩調和を数値的な関係に置き換えて論じた。彼らの調和論では数多くの実験に基づいて調和の関係を[　イ　]に分類した。この分類によると、マンセル色相環100分別における色相差12～28は[　ウ　]の領域と呼ばれる。[　ア　]はこのような調和の分類だけでなく、面積の関係や美しさの度合いを数値で表す[　エ　]を提案するなど、それ以前の調和論にない視点を導入した。但し、この調和論では色の連想や[　オ　]、色の実際物への適合性や色に対する好悪などは除外するとしている。

〔語群〕

① ムーンとスペンサー　② ヤングとヘルムホルツ　③ ヘリングとキルシュマン
④ 色彩調和と同時対比　⑤ 調和と秩序　⑥ 調和領域と不調和領域
⑦ 第一の曖昧　⑧ 第二の曖昧　⑨ 眩輝
⑩ 親和性の原理　⑪ 秩序の原理　⑫ 美度
⑬ 心理的効果　⑭ 共通性の原理　⑮ 明白性の原理

第 9 問

色彩調和の考え方

次の文章の内正しい記述には①、誤った記述には②をそれぞれ解答欄に記入しなさい。

[　ア　]トーン差の大きい配色は、色相も対照にするとコントラストがついてバランスがとれる。

[　イ　]マンセルシステムにおける彩度類似系の配色は、彩度差が3前後までのものを指す。

[　ウ　]ビビッドトーンとストロングトーンの配色は、明度の高い類似トーン配色である。

[　エ　]マンセル色相で、色相差が7以上12未満の似た色同士の配色を類似色相配色という。

[　オ　]中差色相配色は、ムーン-スペンサーの配色調和論では、第二の曖昧領域とされるが、エスニック配色としてよく用いられる。

第 10 問

色彩調和の考え方

次の文章の内正しい記述には①、誤った記述には②をそれぞれ解答欄に記入しなさい。

[　ア　]vv-R3とvv-Y2の配色は中差色相配色である。

[　イ　]lgトーンや、oPトーンは、明濁色に分類される。

[　ウ　]ビレンは純色に黒を加えたトーンを総称して、ティントと呼んだ。

[　エ　]dpトーンとdlトーンの類似配色は、見る人に派手な印象を与える。

[　オ　]oPトーンや、oWトーンの配色は、明度差が小さいため、色同士の明瞭性が低い。

第11問　色彩調和の考え方

次の文章の内正しい記述には①、誤った記述には②をそれぞれ解答欄に記入しなさい。

[　ア　] dp-B2とdk-B4の配色は、ムーン-スペンサーの調和論では、明度・彩度の関係が不調和な配色とみなされる。

[　イ　] lt-G3とpl-Y2の配色は、対照トーン配色であり、明快な配色効果が得られる。

[　ウ　] mg-G1とdk-O3は対照トーン配色である。

[　エ　] vv-O1とvv-O3は彩度類似系の配色である。

[　オ　] vp-Y2とpl-P2は、補色色相配色だが高明度・低彩度なので、軽やかな感情表現が可能である。

第12問　主な色彩調和論と調和の原則

次の文章の内正しい記述には①、誤った記述には②をそれぞれ解答欄に記入しなさい。

[　ア　] ルードの「色彩の自然な調和」の考え方は、見慣れの原理に基づいている。

[　イ　] 明白性の原理は、色と色の関係に適度な対比感がある調和を説明したものである。

[　ウ　] オストワルトの等色相三角形は、有彩色20、無彩色8の領域に分けられている。

[　エ　] ムーン-スペンサーの調和論では、マンセル色相を使い、第一の曖昧、第二の曖昧、第三の曖昧の三領域を不調和としている。

[　オ　] シュブルールの調和論では、同一色相で、トーンに違いをつけた配色や、色のついたガラス越しに見える風景も類似の調和に含めている。

第13問
主な色彩調和論と調和の原則

次の文章の内正しい記述を選び解答欄に記入しなさい。
- [ア] オストワルトシステムを用いて1940年に出版された、カラーハーモニーマニュアルは、今もよく使われている。
- [イ] オストワルトの色相環の中では、色相差が4～8あるものを異色調和と呼んでいる。
- [ウ] lt-Y2、lt-G5、lt-B4の3色配色は、共通性の原理を使った配色例である。

第14問
主な色彩調和論と調和の原則

次の文章の内正しい記述を選び解答欄に記入しなさい。
- [ア] シュブルールの考え方ではvv-R1とvp-O3の配色は類似の調和に分類される。
- [イ] 色相環上の幾何学的位置関係にある色の調和は、秩序性の原理によって説明できる。
- [ウ] ジャッドは、1955年に発表した色彩調和論に関する論文の中で、マンセルシステムのような知覚的等歩度性を持つカラーシステムを批判した。

第15問

色彩調和の考え方

次の文章中の空欄に当てはまる語句を語群より選び解答欄に記入しなさい。

1 [ア]は純色に白を加えたトーンの総称で、vpトーンやplトーンなどが含まれる。

〔語群〕
　① 明清色　　② 明白色　　③ オフニュートラル

2 アメリカの色彩学者フェーバー・ビレンは純色を特に[イ]と名付けた。

〔語群〕
　① ティント　　② カラー　　③ シェード

3 dlトーンや、sfトーンが属する、フェーバー・ビレンが特に「トーン」と名づけた色群を[ウ]という。

〔語群〕
　① 暗濁色　　② 中性色　　③ 濁色

4 CCICによる色相差が11～12の配色を[エ]という。

〔語群〕
　① 補色色相配色　　② 中差色相配色　　③ 類似色相配色

5 自然界の配色に見られるような色相変化の法則を守った配色を[オ]という。

〔語群〕
　① Complex　harmony　　② Natural　harmony
　③ Natural　sequence

第16問

色彩調和の考え方

次の文章中の空欄に当てはまる語句を語群より選び解答欄に記入しなさい。

1 [ア]は、高彩度同士の補色色相の配色で生じる不快感を和らげる働きのある配色テクニックである。

〔語群〕
① セパレーション　② ドミナント　③ カマイユ

2 dp-O3とdk-G1の配色のように、似たトーンを組み合わせて作る配色を[イ]という。

〔語群〕
① 同一トーン配色　② ドミナントカラー配色　③ 類似トーン配色

3 [ウ]は色相対照系に分類されているが、アジアなどではよく目にする配色である。

〔語群〕
① 対照色相配色　② 中差色相配色　③ 補色色相配色

4 [エ]では明度差または彩度差が大きく、コントラスト感が強くなるので、色相にまとまりを持たせることが一般的である。

〔語群〕
① 対照トーン配色　② 高彩度配色　③ 類似色相配色

5 [オ]は、vv-R3とpG(80)の組み合わせに見られるように明快な配色となり、面積比を考慮してインテリアなどに用いられる。

〔語群〕
① 彩度対照系の配色　② 色相対照系の配色　③ 明度対照系の配色

第17問　主な色彩調和論と調和の原則

次の文章中の空欄に当てはまる語句を語群より選び解答欄に記入しなさい。

1 ムーン-スペンサーの配色調和論でいう[　ア　]は、マンセルシステムでの彩度差7以上の配色で、コントラスト感のある調和をもたらす領域である。

〔語群〕
① 対比　　② 高彩度類似　　③ 眩輝

2 ジャッドがまとめた調和の原理の中で、自然界に存在する色彩序列を含む原理を[　イ　]という。

〔語群〕
① 秩序性の原理　　② 親近性の原理　　③ 共通性の原理

3 ゴブラン織りの研究から、中間混色や、今日の色彩調和の基本をなす考え方を唱えたのは[　ウ　]である。

〔語群〕
① オストワルト　　② マンセル　　③ シュブルール

4 [　エ　]は、ムーン-スペンサーが調和論のよりどころとした表色系である。

〔語群〕
① マンセルシステム　　② PCCS　　③ オストワルトシステム

5 ドミナントという要素による調和は[　オ　]で説明できる。

〔語群〕
① 点描　　② 明白性の原理　　③ 共通性の原理

第18問 主な色彩調和論と調和の原則

次の文章中の空欄に当てはまる語句を語群より選び解答欄に記入しなさい。

1 [ア]は、「色彩調和は、個人個人の好みに帰結する一方で、新奇性に惹かれたり、馴染みのある配色を好ましく思うことがある」と述べた。

〔語群〕
① ゲーテ　　② ジャッド　　③ アルベルティ

2 ジャッドの[イ]は、幾何学的位置関係にある色同士の調和を説明した原理である。

〔語群〕
① 秩序性の原理　　② 幾何学原理　　③ 等歩度性の原理

3 ヘリングの心理4原色を元にした24色相を持つ色立体は[ウ]である。

〔語群〕
① CCICの色立体　　② ゲーテの色立体　　③ オストワルトの色立体

4 [エ]は、色彩調和を客観的に秩序立てた色票集で、オストワルトシステムをもとにしている。

〔語群〕
① JIS標準色票　　② マンセルブックオブカラー　　③ カラーハーモニーマニュアル

5 色相支配、トーン支配による色彩調和という考え方は、[オ]によるものである。

〔語群〕
① 共通性の原理　　② 明白性の原理　　③ 秩序性の原理

第19問　主な色彩調和論と調和の原則

次の文章中の空欄に当てはまる語句を語群より選び解答欄に記入しなさい。

1 オストワルト色立体の中で、完全黒、完全白、完全色に囲まれた図形を[　ア　]という。

〔語群〕
① 不調和領域　　② 等色相三角形　　③ 等明度平面

2 オストワルトの色相環の中で、1～3までの数字で表されている色相は[　イ　]である。

〔語群〕
① 赤　　② 青　　③ 黄

3 オストワルトの色立体の中でna、ng、niのような組み合わせで表される配色調和は[　ウ　]である。

〔語群〕
① 等白系列の調和　　② 等黒系列の調和　　③ 等純系列の調和

4 [　エ　]は、オストワルト色立体の中で、等しい純度を持つ色の調和である。

〔語群〕
① 等彩度面の調和　　② 等白系列の調和　　③ 等純系列の調和

5 オストワルトの色相環の中で、色相差が6または8の配色を[　オ　]という。

〔語群〕
① 類似色相調和　　② 反対色の調和　　③ 異色調和

※以降の設問には、dp-B4、lg-R3、mG(60)等の記号がついている色がある。これは、商工会議所カラーコーディネーション・チャート簡易版の色記号である。このカラーチャートは、下図のように横列がトーン記号、縦列が色相記号で構成されており、例えばdp-B4は、トーン記号dpの横列と色相記号B4の縦列とが交差する位置にある色であることを意味している。解答に際し、この色記号がついている色は、カラーチャートを併せて参考にしてください。

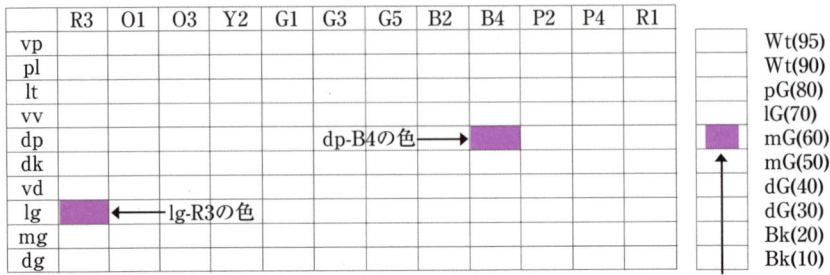

	R3	O1	O3	Y2	G1	G3	G5	B2	B4	P2	P4	R1
vp												
pl												
lt												
vv												
dp									■dp-B4の色			
dk												
vd												
lg	■←lg-R3の色											
mg												
dg												

Wt(95)
Wt(90)
pG(80)
lG(70)
mG(60) ← mG(60)の色
mG(50)
dG(40)
dG(30)
Bk(20)
Bk(10)

第20問

色彩調和の考え方

図P・Qのような2色配色を考えるとき、ア～オに当てはまる配色例を商工会議所カラーコーディネーション・チャート簡易版を参照しながら、語群①～⑤より選んで解答欄に記入しなさい。

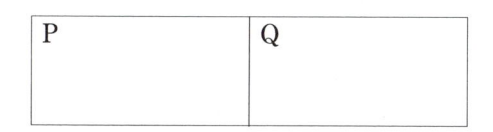

P	Q

1. 彩度の高い中差色相配色は[ア]である。

2. 対照トーンの配色は[イ]である。

3. 色相類似系の配色は[ウ]である。

4. 類似トーンの配色は[エ]である。

5. 彩度対照系の配色は[オ]である。

〔語群〕
① dp-G5とdk-G3　② vv-G3とvv-B4　③ pl-O1とdk-R3
④ vv-P2とmg-P2　⑤ mg-G5とdp-B2

第21問

色彩調和の考え方

図P・Qのような2色配色を考えるとき、ア～オに当てはまる配色例を商工会議所カラーコーディネーション・チャート簡易版を参照しながら、語群①～⑤より選んで解答欄に記入しなさい。

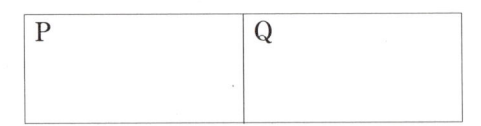

P	Q

1 類似色相で同一トーンの配色は[　ア　]である。

2 トーン差が大きいので、色相でまとまりを出した配色は[　イ　]である。

3 高彩度同士の配色で派手感のある配色は[　ウ　]である。

4 アジアの伝統的な配色に見られる中差色相配色は[　エ　]である。

5 ビレンが名付けた「ティント」と無彩色の配色は[　オ　]である。

〔語群〕
① pl-R1とWt(90)　② vv-B2とvv-R3　③ dp-R3とdp-O1
④ dp-O3とdk-G3　⑤ lt-G1とdk-G3

第22問

色彩調和の考え方
主な色彩調和論と調和の原則

図P・Qのような2色配色を考えるとき、ア〜オに当てはまる配色例を商工会議所カラーコーディネーション・チャート簡易版を参照しながら、語群①〜⑤より選んで解答欄に記入しなさい。

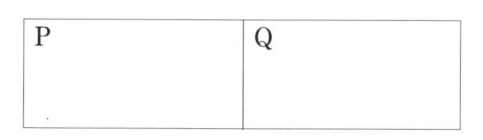

P	Q

1. 重厚感を印象づける中差色相配色は[ア]である。

2. 同一トーン同士の対照色相配色は[イ]である。

3. 補色色相の配色は[ウ]である。

4. 色相の自然な順列を守った、Natural harmonyに当てはまる配色は[エ]である。

5. ムーン-スペンサーの調和論では、第二の曖昧の領域にほぼ該当する配色は[オ]である。

〔語群〕
① vd-G3とvd-B4　② dp-Y2とvd-G1　③ vp-Y2とvp-B4
④ vv-P4とvv-G1　⑤ vd-Y2とvv-G3

第23問

主な色彩調和論と調和の原則

図P・Qのような2色配色を考えるとき、ア～オに当てはまる配色例を商工会議所カラーコーディネーション・チャート簡易版を参照しながら、語群①～③より選んで解答欄に記入しなさい。

P	Q

1 [ア]はオストワルトシステムにおいて、異色調和と呼ばれる配色である。

〔語群〕
① lg-Y2とmg-O1　　② lt-G1とdg-G3　　③ vd-O3とvd-G3

2 [イ]は、シュブルールの調和論では対照の調和に分類される。

〔語群〕
① pl-G1とdk-P4　　② pl-G3とlt-G5　　③ vv-R3とvv-R1

3 [ウ]は、ジャッドの明白性の原理を守った配色である。

〔語群〕
① Bk(20)とvv-R3　　② mg-O3とdp-O3　　③ dp-Y2とdk-Y2

4 [エ]は、ジャッドの共通性の原理を守った配色である。

〔語群〕
① vv-P2とvd-G5　　② lt-G1とdp-G1　　③ mG(50)とvp-G5

5 [オ]は、オストワルトの色立体における等純系列に相当する配色である。

〔語群〕
① vp-P2とlt-P4　　② pl-R1とdk-R1　　③ dp-G3とvv-R1

第24問

色彩調和の考え方
主な色彩調和論と調和の原則

図P・Qのような2色配色を考えるとき、ア〜オに当てはまる配色例を商工会議所カラーコーディネーション・チャート簡易版を参照しながら、語群①〜③より選んで解答欄に記入しなさい。

P	Q

1 次の組み合わせのうち、より誘目性の高い配色は[ア]である。

〔語群〕
① vv-R3とvv-O3　　② dp-O3とvv-Y2　　③ dp-Y2とdk-O1

2 彩度類似系の配色で、統一感のとれた配色は[イ]である。

〔語群〕
① mg-B4とvv-B4　　② mG(50)とWt(95)　　③ lt-R3とdG(30)

3 ジャッドの調和論では共通性の原理に当たり、色相支配と言える配色は[ウ]である。

〔語群〕
① mg-O1とvp-B2　　② mg-R3とdk-R3　　③ lg-P4とlg-G1

4 補色色相を使い、対照的なトーンでの配色は[エ]である。

〔語群〕
① pl-P4とdk-P2　　② dp-Y2とdk-P2　　③ pl-G1とdk-P4

5 [オ]は若々しいイメージを与える配色である。

〔語群〕
① vv-R3とvv-P4　　② lt-G1とlt-Y2　　③ dk-Y2とdp-G1

第5章 光から生まれる色

❶ 光とは
　光の正体は電磁波　第1問、第19問 1 5
　白い光にはすべての色がある　第2問、第12問、第20問 2
　物体の色が見える原理　第3問、第4問、第10問、
　　　　　　　　　　　　第11問、第20問 1 4、第21問 2

❷ 光が織りなす色彩現象
　光の屈折による虹の色　第15問、第18問 2、第21問 3
　光の散乱による夕焼けの赤と空の青　第5問、第18問 3 4
　光の回折による太陽の環　第6問、第19問 4
　光の干渉によるシャボン玉の輝き　第13問、第18問 1、
　　　　　　　　　　　　　　　　　第20問 3

❸ 光源
　光源の種類　第8問、第17問、第19問 2、第21問 5、第22問 1 2
　太陽光が唯一の自然光源
　温度によって色みが異なる人工光源　第7問、第9問、
　　　　　　　　　　　　　　　　　　第14問、第18問 5、
　　　　　　　　　　　　　　　　　　第19問 3、第20問 5、
　　　　　　　　　　　　　　　　　　第21問 4、第22問 3 4
　光源の色が物体の見え方を決める　第16問、第21問 1
　　　　　　　　　　　　　　　　　第22問 5

第1問

光とは

次の文中に入る語句を語群の中から選んで解答欄に記入しなさい。

光は［　ア　］と呼ばれる放射エネルギーの一種で、［　イ　］の性質をもっている。波長の長さとは振動の波の山から山の長さのことで、光の波長はnm（ナノメートル）で表わし1 nmは10億分の1メートルである。人間の眼は［　ウ　］の範囲の光を見ることができるが、この範囲の［　ア　］を［　エ　］という。これより波長の長い電磁波には［　オ　］などがあるが、肉眼では見ることができない。

〔語群〕

① 放射　　　　　　　② 電磁波　　　　　　　③ 磁石
④ 波　　　　　　　　⑤ プリズム　　　　　　⑥ 電気
⑦ 380nmから680nm　　⑧ 380nmから780nm　　　⑨ 480nmから880nm
⑩ スペクトル　　　　⑪ 知覚波　　　　　　　⑫ 可視光線
⑬ 赤外線　　　　　　⑭ 紫外線　　　　　　　⑮ X線

第2問

光とは

次の文中に入る語句を語群の中から選んで解答欄に記入しなさい。

太陽光を[ア]に通すと虹のような色が現れる。これは太陽光である白い光に含まれている色の成分を分けて、各波長の成分を眼に見える形にする実験である。このように、光をさまざまな波長に分けることを[イ]といい、[イ]によって現れた単一の波長からなる光を[ウ]という。太陽の光は、波長の[エ]方から、赤・橙・黄・緑・青・藍・紫の順になっており、波長の順に[ウ]として表示されたものを[オ]という。

〔語群〕

① レンズ　　　　② プリズム　　　③ フィルター
④ 分色　　　　　⑤ 分波長　　　　⑥ 分光
⑦ 単一光　　　　⑧ 単色光　　　　⑨ 波長光
⑩ 長い　　　　　⑪ 短い　　　　　⑫ 狭い
⑬ 分光分布　　　⑭ スペクトル　　⑮ 粒子分布

第3問

光とは

次の文中に入る語句を語群の中から選んで解答欄に記入しなさい。

ある物体の色というのは、その物体にさまざまな波長を含んだ光が当たり、その物体がどの波長をどのくらい［　ア　］し、反射したか、またどのくらい［　イ　］したかによって決まってくる。例えば緑の色紙では、さまざまな波長を含んだ太陽光が色紙に当たると、赤や青の光は吸収され［　ウ　］の緑の光が多く反射するため、見ている人はその色紙が「緑」であると感じる。このように光を反射する特性を持ったものを［　エ　］という。一方、物体を［　イ　］した光が色として感じられるような、例えばグラスに入ったワインや色ガラスなどもあり、このような物体は［　オ　］と呼ばれる。

〔語群〕

① 吸収　　　　② 屈折　　　　③ 拡散
④ 分散　　　　⑤ 透過　　　　⑥ 分光
⑦ 長波長　　　⑧ 中波長　　　⑨ 短波長
⑩ 反射物体　　⑪ 透過物体　　⑫ 波動
⑬ 拡散分子　　⑭ 分光反射物体　⑮ 透明分子

第4問

光とは

次の文中に入る語句を語群の中から選んで解答欄に記入しなさい。

[ア]物体または透過物体の色は、入射光に対する反射光または透過光の波長別の割合で示すことができる。これらは[イ]反射率、[イ]透過率と呼ばれる。物体表面での[ア]は、表面が凹凸のない均一な面で起こる[ウ]と、不均一な面で起こる[エ]に分かれる。[ウ]は、鏡を思い起こすと分かりやすいが、光の入射角と[オ]が等しい。

〔語群〕

① 反射　　　　② 吸収　　　　③ 干渉
④ 波長　　　　⑤ 分光　　　　⑥ 位相
⑦ 熱放射　　　⑧ 拡散反射　　⑨ 屈折反射
⑩ 正反射　　　⑪ 放電　　　　⑫ 回折反射
⑬ 乱射角　　　⑭ 反射角　　　⑮ 鏡面角

第5問　光が織りなす色彩現象

次の文中に入る語句を語群の中から選んで解答欄に記入しなさい。

太陽の光が地上の私たちの眼に届くまでには大気の層を通過してくるが、大気中には塵や水蒸気などの粒子が含まれており、光はそれらにぶつかりながら進んでくることになる。太陽光のうち、[　ア　]の光は大気中の塵にぶつかると不規則に散らされることとなる。晴れた日の昼間にはその[　イ　]した光が目に届くので空は青く見える。

夕方は水平方向から光が射すので、垂直方向からの光に比べ大気中を通過する距離が[　ウ　]なる。その間に短波長の光は[　イ　]を重ね、残った長波長の光が私たちの目に到達するので、夕日が[　エ　]見えるのである。このように[　イ　]の程度が波長で異なることを[　オ　]という。

〔語群〕

① 長波長　　② 中波長　　③ 短波長
④ 飛散　　　⑤ 散乱　　　⑥ 分散
⑦ 長く　　　⑧ 短く　　　⑨ 低く
⑩ 赤く　　　⑪ 黄色く　　⑫ 青く
⑬ ミー散乱　⑭ レイリー散乱　⑮ 分光散乱

第6問

光が織りなす色彩現象

次の文中に入る語句を語群の中から選んで解答欄に記入しなさい。

太陽や月に薄く雲や霧がかかると、その周囲にぼんやりとした環が見えることがある。これは[　ア　]と呼ばれ、大気中の小さな水滴や氷晶によって光の方向が変わったために起こるが、このような現象を[　イ　]という。光は大気中の物に当たってさえぎられるが、[　イ　]した一部の光は物の背後にまわり込む。この光のまわり込み方は[　ウ　]によって異なる。[　ア　]を観察すると、環の内側は[　エ　]を帯びていて、外側が赤みを帯びているのがわかる。これは、[　オ　]ほどまわり込みやすいことを示している。

〔語群〕

① 散乱　　　　② 金環　　　　③ 光環
④ 回折　　　　⑤ 干渉　　　　⑥ 分光
⑦ 屈折角　　　⑧ 反射率　　　⑨ 波長
⑩ 緑み　　　　⑪ 青み　　　　⑫ 黄み
⑬ 短波長　　　⑭ 中波長　　　⑮ 長波長

第7問

光源

次の文中に入る語句を語群の中から選んで解答欄に記入しなさい。

熱放射による光の色は、光を発する物体の[ア]によって異なっている。温度が[イ]光源の分光分布は[ウ]の成分が多く、右上がりの分光分布で赤みがかった光となる。温度が[エ]と逆に短波長の成分が多い左上がりの分光分布で青みの光となる。この光源の色を表すのに[ア]を使用し、単位はK（ケルビン）である。ロウソクの炎の[ア]は[オ]で、赤みがかった色をしている。

〔語群〕

① 輝度　　　　② 照度　　　　③ 色温度
④ 高い　　　　⑤ 低い　　　　⑥ マイナス
⑦ 中波長　　　⑧ 長波長　　　⑨ 電磁波
⑩ 熱する　　　⑪ 超える　　　⑫ 光速
⑬ 1920 K　　　⑭ 2800 K　　　⑮ 7000 K

第8問

光源

次の文中に入る語句を語群の中から選んで解答欄に記入しなさい。

暗闇の中では何も見ることができないように、私たちが物の色や形を見るためには[ア]がなくてはならない。その[ア]を発している源を[イ]といい、太陽や電灯、ろうそくの明かりなどがそれに当たる。太陽は[ウ]であり、電灯やろうそくは[エ]である。

[イ]の種類によって、色の見え方は変わってくる。これは発する光の分光分布の違いが、物体の見え方に影響を与えるからで、このような効果を[オ]という。

〔語群〕

① 光　　　　　② 眼　　　　　③ 物体
④ 照射　　　　⑤ 照明　　　　⑥ 光源
⑦ 自然発火　　⑧ 人工発熱　　⑨ 自然光源
⑩ 人工光源　　⑪ 自然光材　　⑫ 人工放電
⑬ 偏光　　　　⑭ 演色　　　　⑮ 恒常

第9問

光源

次の文中に入る語句を語群の中から選んで解答欄に記入しなさい。

白熱電球は熱したフィラメントが光を発する性質を利用したもので、その発光方法を[ア]と呼ぶ。一方、蛍光灯は、ガラス管に閉じ込めた気体に電圧をかけることにより気体が反応して光を発するもので、[イ]という発光の例である。[イ]はさらに[ウ]と[エ]とに分けられるが、トンネルなどに使われているオレンジ色の照明は蛍光灯と同じ[エ]で、これらはすべて[オ]の光である。

〔語群〕

① 自然光源　　② 光放射　　③ 熱放射
④ 散乱　　　　⑤ 放電　　　⑥ 発熱
⑦ 高圧発光　　⑧ 低圧発光　⑨ 高圧放電
⑩ 低圧放電　　⑪ 高圧放射　⑫ 低圧放射
⑬ 温度放射　　⑭ 人工発熱　⑮ 人工光源

第10問

光とは
光が織りなす色彩現象

次の文章の内正しい記述には①、誤った記述には②をそれぞれ解答欄に記入しなさい。

[ア] 光は粒子と波の性質を合わせ持つ電磁波である。
[イ] 太陽光のスペクトルは波長の長い方から、赤、橙、黄、青、緑、紫、藍の順に並んでいる。
[ウ] 私たちに色が見えるのは、物に当って反射または透過した光が目に入るからである。
[エ] 雨があがった後、大気中には水蒸気が立ち込めていて、その水滴のひとつひとつがスペクトルの役目をして光を分光し虹が見える。
[オ] シャボン玉の表面に虹色が見えるのは、光が反対側に回り込むことによって光の波の山と谷がずれ、打ち消し合ったり強め合ったりするためである。

第11問

光とは
光が織りなす色彩現象

次の文章の内正しい記述には①、誤った記述には②をそれぞれ解答欄に記入しなさい。

[ア] 赤外線や電波は長波長、紫外線やマイクロ波やX線は短波長の電磁波である。
[イ] 太陽光をプリズムに通して異なる波長に分けることを分光といい、分光されたそれぞれの波長の光を単色光という。
[ウ] 反射物体の色は波長別に入射光(照明した光)に対する反射光(もどってきた光)の割合で表わすことができる。これを分光反射率と呼ぶ。
[エ] 表面に凹凸のあるものでは、光が真上から当たると乱反射はおきない。
[オ] 大気中の霧のような微小の水滴に光が当たると、光のすべての波長が均等に散乱するので霧や雲が白く見える。

第12問

光とは

次の文章の内正しい記述には①、誤った記述には②をそれぞれ解答欄に記入しなさい。

[ア]赤外線は人間の暮しにかかわりの深い可視光線である。
[イ]太陽の光をプリズムで分光すると虹のような色の帯があらわれるが、この光の帯をスペクトルという。
[ウ]照明光に対する反射光のそれぞれの波長における割合を、その物体の分光分布と呼ぶ。
[エ]木の葉が緑に見えるのは、中波長の光を多く反射しているからである。
[オ]表面がなめらかな物体に光が当たると、均一に拡散した反射がおきる。

第13問

光とは
光が織りなす色彩現象
光源

次の文章の内正しい記述には①、誤った記述には②をそれぞれ解答欄に記入しなさい。

[ア]380nmから780nmの波長の電磁波が目に入ると色として感じられる。
[イ]光が物体に当たると、反射されるか吸収されるかのいずれかである。
[ウ]光の干渉は、光の波の位相によるものである。
[エ]昼光よりも白熱電球の方が色温度が高い。
[オ]長波長は短波長より屈折率が小さい。

第14問

光とは
光が織りなす色彩現象
光源

次の文章の内正しい記述には①、誤った記述には②をそれぞれ解答欄に記入しなさい。

[ア] 単色光を波長の順に表したものをスペクトルと言う。スペクトルは、ある光がどの波長を含んでいるかを示すものである。

[イ] 短波長ほど回折が大きく、長波長では小さい。

[ウ] 太陽は地球から約1億5千万キロ離れたところにある巨大な自然光源である。

[エ] 色温度が高いと分光分布は右上がりの曲線になり、低いと右下がりの曲線になる。

[オ] 蛍光灯には色温度の違いが記号で表示されているが、WWは温白色、Nは昼白色の意味である。

第15問

光が織りなす色彩現象
光源

次の記述のうち、正しいものを1つ選んで解答欄に記入しなさい。

[ア] 夕焼けや虹、光環などの気象現象は、太陽の光が大気のさまざまな影響を受けるためにおきるものである。

[イ] 空が青く見えるのは、塵や気体のような粒子の小さいものに光が当たると一部の波長が散らされて残った波長だけが見えているからである。

[ウ] 自然光源には太陽や月がある。

第16問

光が織りなす色彩現象
光源

次の記述のうち、正しいものを1つ選んで解答欄に記入しなさい。

[ア] 光源の温度が高いと長波長の成分が多い赤みがかった色となり、温度が低いと短波長の成分の多い青みがかった光となる。
[イ] ある光源が物の色の見え方に影響を与える効果を、「演色」という。
[ウ] 太陽光が大気圏内に入ると、散乱により波長の長さが変わるため分光分布が変わる。

第17問

光源

次の記述のうち、正しいものを1つ選んで解答欄に記入しなさい。

[ア] たき火や松明は自然光源である。
[イ] ろうそくや白熱電球は熱放射の光源である。
[ウ] 蛍光灯は高圧放電による光源である。

第18問

光が織りなす色彩現象
光源

次の文章中の空欄に当てはまる語句を語群より選び解答欄に記入しなさい。

1 シャボン玉の表面に虹色の輝きが見えるのは[ア]のためである。

〔語群〕
① 光の透過　② 光の干渉　③ 光の屈折

2 晴れた日、公園に行くと噴水のまわりに虹が見えるのは[イ]のためである。

〔語群〕
① 光の反射　② 光の屈折　③ 光の散乱

3 雲が白く見えるのは、太陽光が雲を通過するときに[ウ]が起こるためである。

〔語群〕
① レイリー散乱　② ミー散乱　③ 反射散乱

4 空が青く見えるのは、[エ]のためである。

〔語群〕
① レイリー散乱　② ミー散乱　③ 光の屈折

5 色温度[オ]の光は、暖かみを感じる光で、この照明下では物が赤みを帯びて見える。

〔語群〕
① 3000K　② 5000K　③ 7000K

第19問

光とは
光が織りなす色彩現象
光源

次の文章中の空欄に当てはまる語句を語群より選び解答欄に記入しなさい。

1 可視光線より長い波長を持つ電磁波に赤外線や電波があり、短い波長を持つものに紫外線や［　ア　］がある。

〔語群〕
① X線　　② マイクロ波　　③ ラジオ波

2 たき火や松明などの炎と、白熱電球の明かりは同じ［　イ　］という発光現象である。

〔語群〕
① 熱放射　　② 燃焼　　③ 自然光

3 蛍光灯には白色、温白色、昼白色、昼光色など［　ウ　］のちがいにより5種類の表示がされている。

〔語群〕
① 表色　　② 色温度　　③ 色光

4 月にうっすら雲がかかっているとき、まわりにぼんやりした環が見えることがあるが、これは［　エ　］のためである。

〔語群〕
① 光の屈折　　② 光の散乱　　③ 光の回折

5 ［　オ　］は分光曲線が比較的平らであり、すべての波長をほぼ均等に含んでいる。

〔語群〕
① ハロゲンランプ　　② 白熱電球　　③ 自然光

第20問

光とは
光が織りなす色彩現象
光源

次の文章中の空欄に当てはまる語句を語群より選び解答欄に記入しなさい。

1 リンゴが赤く見えるのは[ア]のためである。

〔語群〕
① 短波長の反射　② 中波長の反射　③ 長波長の反射

2 虹をよく見ると外側から赤、橙、黄、緑、青、藍、紫の順に色が並んでいるのが見える。これを光の[イ]という。

〔語群〕
① 白色光　② スペクトル　③ 分光分布

3 コンパクト・ディスクの角度を変えると表面に虹のような色が見えるのは、[ウ]によるためである。

〔語群〕
① 光の屈折　② 光の干渉　③ 光の回折

4 表面に凹凸がある不均一な面を持つものの場合、一方向から光が入っても反射光は表面の凹凸にぶつかってさまざまな方向に反射してしまう。これを[エ]という。

〔語群〕
① 正反射　② 乱反射　③ 鏡面反射

5 太陽光の[オ]は比較的平らな曲線をもつが、白熱電球は右上がりの曲線になる。

〔語群〕
① 分光分布　② 波長　③ 色温度

第21問

光とは
光が織りなす色彩現象
光源

次の文章中の空欄に当てはまる語句を語群より選び解答欄に記入しなさい。

1 照明光源の分光分布が異なると、色の見えに影響を与える。しかし実際には、私たちはほとんどその差を感じない。このことを［　ア　］という。

〔語群〕
① 色の不変性　　② 色の恒常性　　③ 色の演色性

2 表面が均一な面で起こる正反射は、別名［　イ　］と呼ばれる。

〔語群〕
① 鏡面反射　　② 均一反射　　③ 拡散反射

3 光をプリズムによって分光する実験をおこなったのは［　ウ　］である。

〔語群〕
① ルード　　② ゲーテ　　③ ニュートン

4 市販されている蛍光灯でNの表示は［　エ　］色を示す。

〔語群〕
① 電球　　② 昼白　　③ 温白

5 人工光源のうち、蛍光灯は［　オ　］に分類される。

〔語群〕
① 放電　　② 熱放射　　③ 黒体

第22問

光とは
光が織りなす色彩現象
光源

次の文章中の空欄に当てはまる語句を語群より選び解答欄に記入しなさい。

1 人工光源は、発光方法により大きく[ア]に分類される。

〔語群〕
① 白熱電球と電界発光　② 熱放射とルミネセンス　③ 低圧ガス放電と高圧ガス放電

2 半導体物質に直接電圧をかけて発光する原理を用いた光源に[イ]がある。

〔語群〕
① 蛍光灯　② 水銀ランプ　③ LED

3 発光ダイオードで白色を作る場合、青色LEDと[ウ]蛍光体の混色で作るもの、赤、緑、青のLEDの混色で作るもの、紫外発光のLEDが赤、緑、青の蛍光体を発光させるものの3種類がある。

〔語群〕
① 黄色　② 緑色　③ 赤色

4 市販されているLED電球には、昼白色に該当するものと[エ]に該当するものがある。

〔語群〕
① 温白色　② 電球色　③ 昼光色

5 低圧ナトリウムランプでは、[オ]の光だけが筋状に分布している。

〔語群〕
① 可視光以外の波長　② すべての波長　③ 単波長

第6章 色が見える仕組み

❶ 眼および脳の構造とその働き
　リンゴはなぜ赤く見える?　第1問
　網膜に像を結ぶ　　第9問、第16問、第18問、第21問 1 4
　光を信号に変換する　　第6問、第10問、第21問 5 6 7
　信号を脳に伝える　　第2問、第21問 2
　情報を脳で認識する

❷ 眼の変化による色覚の多様性
　加齢による色覚の変化
　先天性色覚異常　　第7問、第17問、第20問、第21問 3

❸ 色の見えを決める要因
　感覚と知覚
　視細胞および伝達が関与する色感覚　第11問、第13問、
　　　　　　　　　　　　　　　　　　第22問 2
　残像　　第22問 3
　色覚理論　　第8問、第23問 5
　視覚野が主に関与した色知覚
　色の対比と同化　　第3問、第14問、第19問、第22問 1 4 、
　　　　　　　　　　第24問
　補色　　第4問、第23問 4
　面積効果　　第12問、第23問 1
　色の恒常性　　第22問 5
　ネオンカラー効果　　第23問 3
　視認性と誘目性　　第5問、第15問、第23問 2

第1問　眼および脳の構造とその働き

次の文中に入る語句を語群の中から選んで解答欄に記入しなさい。

人間が物を見た時、その色と形は光の像としてまず[　ア　]に結ばれる。さらにこの像は[　ア　]の中にある[　イ　]によって人間の体内で使える信号に変えられる。この信号は[　ウ　]を経て大脳に伝えられる。そして、大脳に記憶されている情報と結合して、その物の色や形として認識される。つまり、光の情報を体内に取り入れる器官が[　エ　]であり、どんな色かを識別するのは大脳の[　オ　]である。

〔語群〕

① 眼　　　　　　② 水晶体　　　　③ 可視光線
④ 細胞膜　　　　⑤ 太陽光　　　　⑥ 視神経
⑦ 網膜　　　　　⑧ 視細胞　　　　⑨ 瞳孔
⑩ 視覚中枢　　　⑪ 強膜　　　　　⑫ 硝子体
⑬ 毛様体　　　　⑭ 色彩　　　　　⑮ 視野中枢

第2問

眼および脳の構造とその働き

次の文中に入る語句を語群の中から選んで解答欄に記入しなさい。

［　ア　］とも呼ばれている視神経乳頭を通って両眼から脳に向かった視神経の信号は、視交叉を経由し［　イ　］に伝達される。その際、左右の眼の左側の情報は大脳の［　ウ　］に伝えられる。そして、［　イ　］から視放線を経て大脳の後頭葉にある［　エ　］に伝えられる。脳内に伝達された信号は、ここで色やその他の情報として処理される。処理する際、［　オ　］の情報が加わることによって物体としての認識がなされる。

〔語群〕

① 右半球　　　　② 視神経線維　　　③ 性質
④ 外側膝状体　　⑤ 視覚野　　　　　⑥ 黄斑
⑦ 記憶　　　　　⑧ 海馬　　　　　　⑨ 感覚
⑩ 盲点　　　　　⑪ 視床　　　　　　⑫ 視神経交叉
⑬ 左半球　　　　⑭ 視皮質　　　　　⑮ 中心窩

第 3 問　色の見えを決める要因

次の文中に入る語句を語群の中から選んで解答欄に記入しなさい。

2色以上の色が影響しあって見える現象に、対比と同化がある。対比とは［　ア　］がテスト色に影響を及ぼすことによって、［　ア　］との違いが強調される現象であり、大面積に小面積の色を配した場合に起きる［　イ　］対比と、暗室の赤い照明で白くみえていた白衣を外に出てから見ると少し赤く見える［　ウ　］対比とがある。また、色の三属性のどれが主に異なっているかによって、［　エ　］対比、色相対比、彩度対比に分けられる。この中で一番知覚しやすいのは［　エ　］対比である。同化とはテスト色と背景色の見えが［　オ　］現象であり、青いネットにいれたインゲンや赤いネットの中のミカンが色鮮やかに見えるような現象をいう。

〔語群〕

① 明度　　　　② 基調色　　　　③ 並ぶ
④ 対照　　　　⑤ 継時　　　　　⑥ 基本色
⑦ 面積　　　　⑧ 遠のく　　　　⑨ 対異
⑩ 同時　　　　⑪ 近づく　　　　⑫ 対比
⑬ 背景色　　　⑭ 瞬時　　　　　⑮ 色差

第4問

色の見えを決める要因

次の文中に入る語句を語群の中から選んで解答欄に記入しなさい。

色相環で反対の位置にあり、この2色を混色して[　ア　]になる色の関係を[　イ　]という。対比現象や陰性残像で知覚される色の組み合わせでの[　イ　]は赤と緑、[　ウ　]である。視覚的にいうと視角[　エ　]の場合、色相区分が曖昧になり、視角2分以下では特に[　ウ　]の色感度がなくなったように[　ア　]に見える。[　オ　]ではこの性質を利用して、赤と緑の色では空間的に細かい情報を送っているが、視覚的に細かいものが区別できない[　ウ　]は空間的に粗い情報を送っている。

〔語群〕

① 無彩色　　　② フィルム　　　③ 黒と白
④ 1度以下　　⑤ 混合色　　　　⑥ テレビ
⑦ 反対色　　　⑧ 黄と青　　　　⑨ 補色
⑩ 3度以下　　⑪ 白色　　　　　⑫ 補助色
⑬ 20度以下　 ⑭ コピー機　　　⑮ 黄と黒

第5問
色の見えを決める要因

次の文中に入る語句を語群の中から選んで解答欄に記入しなさい。

色の目立ち具合を示す[ア]は、物理的な距離で表すことができる。ある実験では、黒を背景としてテスト色を有彩色とした時に、視認距離が最も長いのは[イ]で約14mであるのに対し、最も短いのは[ウ]で、約3mまで近づかなければ識別できない、という結果が得られている。色の組み合わせとしては[エ]の組み合わせが、どちらを背景色にしても最も視認距離が長く識別しやすい。また、最も識別しにくい組み合わせは青と青紫である。一方、心理的な心の変化で目立ち具合を数値化したものに[オ]があり、どの背景にあっても[オ]の高い色に[イ]がある。

〔語群〕

① 誘目性　　② 橙　　③ 赤
④ 視認性　　⑤ 白　　⑥ 黒と黄
⑦ 識別性　　⑧ 紫　　⑨ 可読性
⑩ 緑　　　　⑪ 認知性　⑫ 黄
⑬ 赤と緑　　⑭ 視別性　⑮ 黄と紫

第6問 眼および脳の構造とその働き

次の文中に入る語句を語群の中から選んで解答欄に記入しなさい。

網膜上に結ばれた像は、まだ可視光線としての光であり、そのままの状態で脳に伝えることはできない。この光を[ア]に変換するのが網膜にある視細胞の役割である。視細胞はその形状と役割から[イ]と[ウ]とに分けられる。[イ]は明暗の感覚だけに関与し、[ウ]は明るい所で働き、明るさ・色相・鮮やかさの感覚に関与する。各波長ごとの光にどの程度の興奮があるかという[エ]を調べると、明暗に関係する[イ]は、507nm辺りで最も敏感に反応し、3種類ある[ウ]は短波長、中波長、長波長にそれぞれ反応していろいろな色を識別している。この[イ]と[ウ]は網膜上に一様に分布しているのではなく、[ウ]は網膜の窪んだ場所に集中し、その部分を[オ]という。この部分が視覚の最も敏感な部分である。

〔語群〕
- ① 毛様体
- ② 電気信号
- ③ 盲点
- ④ 屈折度
- ⑤ 錐状体
- ⑥ 視覚野
- ⑦ 黄斑
- ⑧ 外側膝状体
- ⑨ 伝達信号
- ⑩ 中心窩
- ⑪ 杆状体
- ⑫ 視神経乳頭
- ⑬ 網膜感度
- ⑭ 出力信号
- ⑮ 分光感度

第7問　眼の変化による色覚の多様性

次の文中に入る語句を語群の中から選んで解答欄に記入しなさい。

人間の眼は加齢によって黄濁し、黄色のフィルターをかけたような状態になり[　ア　]の色相を識別しにくくなる。またその人がもっている視細胞の種類とその感度の相違でもたらされる色覚異常というものもあり、カラーコーディネーションをする際には理解しておくことが必要となる。色覚のタイプは[　イ　]の種類とその感度によって分けられているが、[　イ　]はL、M、Sの3種類あり、それらのうちいずれの感度が低いかで名前がついている。色覚異常の検査には仮性同色表と[　ウ　]を用いたものがある。[　ウ　]を用いた検査の[　エ　]は円形の視野の上下の色相を等色させる方法である。

カラーコーディネーターは、色覚には個人差があるということを念頭に置き、[　オ　]の差をつけて誰にでも見やすくしたり、形などの手がかりをつけるなど配慮をする必要がある。

〔語群〕

① 長波長　　② 杆状体　　　　　　　③ アノマロスコープ
④ 色相　　　⑤ 分光感度　　　　　　⑥ 色光
⑦ 彩度　　　⑧ 石原式総合色盲検査表　⑨ 錐状体
⑩ 短波長　　⑪ 物理混色　　　　　　⑫ 明度
⑬ 中波長　　⑭ ロールシャッハ　　　⑮ 視神経

第8問
色の見えを決める要因

次の文中に入る語句を語群の中から選んで解答欄に記入しなさい。

色がどのように見えるかには多くの議論があったが、ニュートンは人間の眼の中にスペクトルを処理する多くの光受容器があると考えた。これに反して19世紀初頭、[ア]は光を処理するのはたった3種類の受容器だけであるとの三色説を示し、その考えを[イ]が発展させた。この三色説に対し、心理的側面を重視して[ウ]の四原色の色相環を唱え、反対色説を考えたのは[エ]である。この三色説と反対色説とは長年論争を繰り返してきたが、その後[オ]レベルでは三色説、それ以降の視神経および脳内では反対色説が成立していることがわかり、両説を合わせた色覚説が現在の有力な説である。

〔語群〕
① 赤、青、緑、紫　② 双極細胞　③ ヘルムホルツ
④ プランク　⑤ ヘリング　⑥ カッツ
⑦ 赤、青、緑、黄　⑧ スタイルズ　⑨ 視細胞
⑩ ホイヘンス　⑪ アマクリン細胞　⑫ ヤング
⑬ グランヴィル　⑭ オストワルト　⑮ 赤、青、黄、黒

第9問　眼および脳の構造とその働き

次の文章の内正しい記述には①、誤った記述には②をそれぞれ解答欄に記入しなさい。

[　ア　]眼球は直径24mmのほぼ球形で、3層の膜からできていて、1番外側の膜は強膜である。
[　イ　]眼球に栄養を補給する役割をするのは毛様体である。
[　ウ　]眼球内に入る光の量を調節するために平滑筋の伸縮によって瞳孔の大きさを変化させているのは水晶体である。
[　エ　]空気中と角膜では光の屈折率が異なる。
[　オ　]眼房水は、水晶体や網膜に栄養を補給し、代謝産物を運び去る役割がある。

第10問　眼および脳の構造とその働き　色の見えを決める要因

次の文章の内正しい記述には①、誤った記述には②をそれぞれ解答欄に記入しなさい。

[　ア　]網膜にある視細胞は、明暗の感覚をつかさどる杆状体と、明るさや色相、鮮やかさをつかさどる錐状体とに分けられる。
[　イ　]杆状体は607nmあたりで最も反応する釣り鐘型の感度をもっている。
[　ウ　]杆状体は網膜の中心に集まり、錐状体は中心部にはほとんどなく、それ以外に分布している。
[　エ　]短波長、中波長、長波長に反応する3種類の錐状体の興奮の仕方の度合いで、色は識別される。
[　オ　]暗くなると視細胞の感度が短波長に寄るので、赤い色は青い色よりも見えにくい。これをプルキニエ現象という。

第11問

色の見えを決める要因
眼の変化による色覚の多様性

次の文章の内正しい記述には①、誤った記述には②をそれぞれ解答欄に記入しなさい。

[ア] 映画館のような暗い場所から急に外に出た時、直後はまぶしくてよく物が見えないが、しばらくするとはっきり見える状況を明暗順応という。

[イ] 色を見ている時間が短いか、残像の現れる場所が暗い時に現れる現象を陽性残像という。

[ウ] 物理的にはその光がないはずなのに、その色と関係したものが見えている現象を残像という。

[エ] 晴天の日に白熱電球に照らされた室内に入ると、最初は室内全体が橙色に見えるが、時間が経つと黄赤みは減少し、白い物が白く見えるようになる。この現象を色順応という。

[オ] 水晶体の色素沈着によって、短波長の色相を識別しにくくなる現象を暗順応という

第12問

色の見えを決める要因

次の文章の内正しい記述には①、誤った記述には②をそれぞれ解答欄に記入しなさい。

[ア] 違う照明の下で物を見る時、照明の分光分布が違っても、感度の調節によって同じ色のように知覚できる現象を明順応という。

[イ] 明暗に関係する杆状体には3種類ある。

[ウ] 小面積第三色覚異常は錐状体の異常に関係があり、誰でもがなるとは限らない。

[エ] 網膜上の像の大きさを表わす言葉を視角という。

[オ] 色順応には、杆状体の感度変化だけが関係している。

第13問

色の見えを決める要因
眼の変化による色覚の多様性

次の文章の内正しい記述には①、誤った記述には②をそれぞれ解答欄に記入しなさい。

[ア] 杆状体は、波長507nmあたりの光に最も敏感に反応する。
[イ] 暗順応は、杆状体から錐状体に働きが切り替わるために起こる。
[ウ] 私たちが色を見る時、色のついた面積がどんな大きさであろうと同じように知覚できる。
[エ] 網膜上の中心窩に像が結ばれれば、大きさに関係なくすべて同じ色に見える。
[オ] 色の識別能力は、10歳くらいの時に最も高くなり年齢とともに低下する。

第14問

色の見えを決める要因

次の文章の内正しい記述には①、誤った記述には②をそれぞれ解答欄に記入しなさい。

[ア] 2色以上の色が影響し合って見える現象で、背景色がテスト色に影響を及ぼし、背景色との違いが強調されることを対比という。
[イ] 対比には、背景色とテスト色とを同時に見せる空間的対比と、背景色を先に見せた後テスト色を見せる時間的対比とがある。
[ウ] キルシュマンの法則では有彩色の持つ明るさが一定なら、色がさえるほど対比が大きくなる。
[エ] 色相環で反対の位置にある色で、この2色を混色すると無彩色になる色の関係を補色という。
[オ] ヤング-ヘルムホルツ説では、「多くのスペクトルから構成された光を処理するのは人間の眼にある無数の受容器である」としている。

第15問 色の見えを決める要因

次の文章の内正しい記述には①、誤った記述には②をそれぞれ解答欄に記入しなさい。

[ア] 図柄色をある背景上に置いたとき、遠くからでもその色を認識できると、それは視認性が高いという。

[イ] 視認性が最も高い有彩色の組み合わせは黄と紫で、最も低いのは赤と青紫である。

[ウ] 目立ち具合を心理的な心の変化で数値化したものが誘目性であり、白、黒、灰のどの背景色でも誘目性が高い色は黄色である。

[エ] 黄色と黒が危険を知らせる注意標識に利用されるのは、視認性と誘目性が高いからである。

[オ] 色で描かれた図形を黒線で延長すると色の所が輝いて光が染み出すように見える現象をネオンサイン効果という。

第16問 眼および脳の構造とその働き

次の記述のうち、正しいものを1つ選んで解答欄に記入しなさい。

[ア] 虹彩は、瞳孔の厚みを変化させる役割をしている。

[イ] 毛様体は毛様体筋の作用により、瞳孔の大きさを変化させ、光の量を調節している。

[ウ] 水晶体はレンズの役割をし、近くの物を見る時は厚くなり遠くの物を見る時は薄くなる。

第17問

眼および脳の構造とその働き
眼の変化による色覚の多様性

次の記述のうち、正しいものを1つ選んで解答欄に記入しなさい。

[　ア　]眼房水、水晶体、硝子体の間の屈折率は一定である。
[　イ　]色覚異常に大きく関わっているのは錐状体である。
[　ウ　]網膜の中心にある中心窩は、盲点ともよばれる。

第18問

眼および脳の構造とその働き

次の記述のうち、正しいものを1つ選んで解答欄に記入しなさい。

[　ア　]硝子体とは、水晶体の後ろにあるゼリー状の物質で眼球の3／5を占め、生じる眼内圧によって眼球の形状が保たれる。
[　イ　]眼球内に入る光の量を調節し、カメラの絞りに相当するものは水晶体である。
[　ウ　]毛様体とは、眼球の一番外側にある白色不透明で厚さ1mmの堅い保護膜のことである。

第19問　色の見えを決める要因

次の記述のうち、正しいものを1つ選んで解答欄に記入しなさい。

[　ア　] 赤い網に入れられたミカンが、そのままの状態で置かれているミカンより赤く美味しそうに見えるのは、同化現象のためである。

[　イ　] 赤い網に入れられたミカンが、そのままの状態で置かれているミカンより赤く美味しそうに見えるのは、赤と橙の色相対比によるものである。

[　ウ　] 赤い網に入れられたミカンが、そのままの状態で置かれているミカンより赤く美味しそうに見えるのは、色順応によるものである。

第20問　眼の変化による色覚の多様性

次の記述のうち、正しいものを1つ選んで解答欄に記入しなさい。

[　ア　] マンセル記号2.5R4/12の赤と、2.5G5/10の緑は、色覚異常者には区別しにくい色なので、カラーコーディネーションの際に使用しないよう法規制がある。

[　イ　] カラーコーディネーションを行う際には、ある色の組み合わせに対して識別困難な人がいることを心に留めておく必要がある。

[　ウ　] カラーコーディネーションを行う際、色覚異常を念頭において赤と緑の配色を用いるなど色相差をつける配慮が必要がある。

第21問

眼および脳の構造とその働き
眼の変化による色覚の多様性

次の文章中の空欄に当てはまる語句を語群より選び解答欄に記入しなさい。

1 [ア]はレンズ状の構造を持ち、厚みを調節することによって網膜上に像を結ぶ。近くの物を見るときは厚く、遠くの物を見るときは薄くなる。

〔語群〕
① 硝子体　　② 水晶体　　③ 角膜

2 [イ]には視細胞が存在しないので、この部分に光が当たっても色や形を見ることができない。この場所のことを盲点ともよぶ。

〔語群〕
① 視神経乳頭　　② 水平細胞　　③ 神経節細胞

3 [ウ]は、視細胞3種類の感度や欠損によってもたらされる。この現象の検査に使用され、世界的に認められている検査法は石原式総合検査表である。

〔語群〕
① 仮性同色異常　　② 先天性色覚異常　　③ 後天性色別異常

4 カメラで言えばフィルムに相当し、可視光線を電気信号に変換する働きをする部分は[エ]である。

〔語群〕
① 角膜　　② 毛様体　　③ 網膜

5 視細胞の一つで、明るさ、色相、鮮やかさの感覚に関与し、網膜上に集中している。また、色覚異常に関与すると言われるのは[オ]である。

〔語群〕
① 杆状体　　② 錐状体　　③ 毛様体

6 物体の明暗がおぼろげにわかる位の暗いところで、明暗の感覚だけに関与する視細胞は[**カ**]である。

〔語群〕
① 杆状体　　② 錐状体　　③ 棒状体

7 錐状体が集まる場所で最も視覚が敏感なくぼんだ部分を[**キ**]という。

〔語群〕
① 中心部　　② 黄斑　　③ 中心窩

第22問　色の見えを決める要因

次の文章中の空欄に当てはまる語句を語群より選び解答欄に記入しなさい。

1 2色以上の色が影響し合って見える現象で、色の違いが強調されて見えるものを[　ア　]という。

〔語群〕
　① 色の同化　　② 色の面積効果　　③ 色の対比

2 暗くなると感度が短波長に偏るため、赤い色は青い色より見えにくくなる現象を[　イ　]という。

〔語群〕
　① スペクトル現象　　② プルキンエ現象　　③ ネオンカラー効果

3 物体を見た後に眼をそらしても眼の中にその物体の像があることを[　ウ　]という。

〔語群〕
　① 残像現象　　② 対比現象　　③ 順応現象

4 有彩色のもつ明るさが一定なら、色が冴えるほど対比は大きくなる。これを[　エ　]の法則という。

〔語群〕
　① ジャッド　　② キルシュマン　　③ ヘリング

5 顔を白色蛍光灯で見た時と、太陽光下で見た時、さらに白熱電球下で見た時、網膜に入る顔からの反射されたエネルギーの分光分布は違うのに、顔色の印象は違わないのは[　オ　]のためである。

〔語群〕
　① 条件等色　　② 色の恒常性　　③ 色記憶

第23問

色の見えを決める要因

次の文章中の空欄に当てはまる語句を語群より選び解答欄に記入しなさい。

1 網膜上に結ばれた対象物の大きさは距離により変化するために、色彩学では大きさの定義を網膜上の角度で表しているが、この網膜上に映し出された角度のことを[ア]という。

〔語群〕
① 錯覚　② 視角　③ 視覚

2 色の目立ち具合を心理的な面から数値化しているものを[イ]という。

〔語群〕
①視認性　②可読性　③誘目性

3 [ウ]とは、有彩色で描かれた図形を黒線で延長すると、色の所が明るく輝き、光が染み出すように見える現象のことである。

〔語群〕
① ネオンカラー効果　② 有彩発色効果　③ 明輝光線効果

4 赤と緑、青と黄というように色相環で反対の位置にあり、この2色を混色すると無彩色になる色の関係を[エ]という。

〔語群〕
① 濁色　② 演色　③ 補色

5 [オ]は、色の見え方に重点をおいて考えた色覚説で、赤、青、緑、黄の四原色をもとにしている。

〔語群〕
① ヘリングの反対色説　② ヤング-ヘルムホルツ説　③ 段階説

第24問
色の見えを決める要因

下図のおいて、背景色1・背景色2および図色a・図色bをア〜オのように変化させるとどのように見えるか。
付録の商工会議所カラーコーディネーション・チャート簡易版を見ながら、正しいものには①を、誤っているものには②を解答欄に記入しなさい。

[ア] 図色a・bがどちらもlG(70)で、背景色1がWt(95)、背景色2がBK(10)の時、図色bは図色aより明るく見える。

[イ] 図色a・bがどちらもlG(70)で、背景色1がvv-B2、背景色2がvv-R3の時、図色bは図色aより鮮やかに見える。

[ウ] 図色a・bがどちらもvv-R3で、背景色1がlG(70)、背景色2がvv-O1の時、図色bは図色aより鮮やかに見える。

[エ] 図色a・bがどちらもlG(70)で、背景色1がvv-B2、背景色2がvv-Y2の時、図色aは黄みに図色bは青みに見える。

[オ] 図色a・bがどちらもlG(70)で、背景色1がpG(80)、背景色2がdG(30)の時、図色bは図色aより明るく見える。この現象を色陰現象という。

〈図〉

背景色1	背景色2
図色a	図色b

第7章 色の測定

❶ 色の測定の種類
   色を伝えるために　第1問、第8問、第10問
     物理測色方法　第12問、第13問、第15問 1 2
       1）分光測色方法
     刺激値直読方法　第4問
       1）光電色彩計
       2）照明および受光の幾何学的条件
       3）最近の光電色彩計の構造例
   視感比色方法　第2問、第5問、第9問、第15問 3
       1）視感比色で注意すべき事項
       2）標準の照明
       3）照明および観察の手順
       4）観察者
       5）まとめ

❷ 三原色を使った色表示
   光の三原色と表色系　第3問、第6問、第7問、第11問、
                     第14問、第15問 4 5
       1）XYZ 表色系
       2）$L^*a^*b^*$ 表色系
   色差を測る
   まとめ

第1問

色の測定の種類

次の文中に入る語句を語群の中から選んで解答欄に記入しなさい。

色を測定し、数値や記号によって表すことを測色という。その方法として[ア]方法と、人の目で試料の色との等色をはかることによって求める[イ]方法とがある。[ア]方法には、試料からの反射光を光電受光器で直接測定して三刺激値を出す[ウ]方法と、分光反射率を測定し計算によって三刺激値を求める[エ]方法がある。三刺激値の「刺激値」とは色彩学で使う言葉で、3つの刺激の量を[オ]で表し、この数値で表した表色系は[オ]表色系である。

〔語群〕

① 光量測定　　② 物理測色　　③ 標準測色
④ 視感評価　　⑤ 視感測色　　⑥ 視覚値直読
⑦ 刺激値直読　⑧ 刺激測色　　⑨ 光電測色
⑩ 反射測色　　⑪ 分光分布　　⑫ 分光測色
⑬ XYZ　　　⑭ $L^*a^*b^*$　　⑮ Yxy

第2問

色の測定の種類

次の文中に入る語句を語群の中から選んで解答欄に記入しなさい。

測色方法の中で[　ア　]とは、色の持つ三刺激値を「光電色彩計」という光学器械で測定する方法である。また視感比色方法は、[　イ　]ことによって色の違いを判断するものである。この方法は、同じ試料に対しても、観察者、光の当て方などで結果が異なることがあるので、いろいろな注意が必要である。比色対象の寸法は、なるべく[　ウ　]が良いとされている。本来、肉眼は視野を小さくするほど[　エ　]が低く見える。従って、寸法の小さな色見本と同色に壁面を塗装すると、仕上がりの[　エ　]は色見本よりも[　オ　]見える。

〔語群〕

① 低く　　　　　　② 高く　　　　　　③ 小さく
④ 大きめ　　　　　⑤ 小さめ　　　　　⑥ 明るめ
⑦ 眼で見る　　　　⑧ 分光分布を見る　⑨ プリズムで分光する
⑩ 彩度　　　　　　⑪ 明度　　　　　　⑫ 波長
⑬ 刺激値直読方法　⑭ 分光測色方法　　⑮ 分光直読方法

第3問

三原色を使った色表示

次の文中に入る語句を語群の中から選んで解答欄に記入しなさい。

XYZ表色系は、国際照明委員会CIE及び日本の工業規格JISに制定され、測色表示方法として広く使われている。この表色系では、[ア]と呼ばれるX、Y、Zを用いるのが特徴で、色を表す場合は、色度図上の[ア]の比率である[イ]x、yと[ウ]Yによって表記する。また、この色度図上の色間の距離を観測した場合、色間距離が人の感覚と均等にならない。アメリカの理学者マクアダムはx、y色度図上に[エ]楕円を分布表現しており、これを見ると色分布の不均等が一目瞭然である。そのために、新しい変数による表色系[オ]が作られた。この色度図である「明度5におけるa^*、b^*色度図」では色の分布がかなり均等になったが、依然ゆがみは発生している。

〔語群〕

① 理想値　② 均等値　③ 三刺激値
④ 等色関数　⑤ 等明度関数　⑥ 色度座標
⑦ 色み　⑧ 鮮やかさ　⑨ 明るさ
⑩ Lab　⑪ $L^*a^*b^*$　⑫ OSA
⑬ 弁差　⑭ 偏差　⑮ 均等

第4問　色の測定の種類

次の文中に入る語句を語群の中から選んで解答欄に記入しなさい。

色を測定する方法の一つに刺激値直読方法がある。これは、試料からの[　ア　]光を[　イ　]という光学器械で測って直接[　ウ　]を求めるもので、分光器などを用いる必要がなく短時間の測定が可能なため、産業界で広く用いられている。正確な測定値を求めるためには、照明光がCIEの定めた[　エ　]に近似していることなどが必要である。なお、分光器を用いた測色方法としては[　オ　]があり、波長ごとの屈折率の違いを利用して分光し、分光反射率などから計算して[　ウ　]を求めている。

〔語群〕

① 回折　　　　　　② 分散　　　　　　③ 反射
④ 光電色彩計　　　⑤ 電光測定器　　　⑥ 波長測定器
⑦ 三属性　　　　　⑧ 三刺激値　　　　⑨ 三原色
⑩ 平均イルミナント　⑪ 単色光　　　　　⑫ 標準イルミナント
⑬ 分光反射方法　　⑭ 分光測色方法　　⑮ 分光視感方法

第5問

色の測定の種類

次の文中に入る語句を語群の中から選んで解答欄に記入しなさい。

眼で見ることによって色の違いを判断する方法を[ア]という。この方法では、同じ試料に対しても、光のあて方、観察の仕方、[イ]の種類で判定が異なることがあるのでさまざまな注意が必要である。また、見本と試料の[ウ]状態が大きく異なる場合は要注意で、[ウ]の性質が等しいもの同士の比較の方が誤りが少ない。観察作業環境にも配慮が必要で、作業面の色は無光沢で[エ]仕上げにする。照明光は、人工光源の場合[オ]光源的な光源で照明すればよい。

〔語群〕

① 対比方法　　② 視感比色方法　　③ 色相分離方法
④ 光源　　　　⑤ 塗料　　　　　　⑥ インク
⑦ 照度　　　　⑧ 色比較用ブース　　⑨ 表面
⑩ マスク　　　⑪ 無彩色　　　　　⑫ 有彩色
⑬ 面　　　　　⑭ 点　　　　　　　⑮ 壁

第6問

三原色を使った色表示

次の文中に入る語句を語群の中から選んで解答欄に記入しなさい。

XYZ表色系において三刺激値の比率を横軸x、縦軸yの直交座標軸にあてはめていき、できたものを[ア]とよぶ。その[ア]上の[イ]を見ると色の分布に偏りがあり、座標値から割り出される点間の距離が均等にならない。そこで、変換数式により新しい変数に変換することが考えられ、[ウ]表色系が誕生した。この数値を直角座標にあてはめていくとクモの巣状の編み目ができるが、[ア]に比べ、より[エ]状に見えるようになった。そのため、色の違いの程度すなわち[オ]を計算から求めるに際して、有効な計算式が得られることになった。

〔語群〕

① 三原色図　　　② xy色度図　　　③ 色差図
④ 色相環　　　　⑤ スペクトル軌跡　⑥ 純紫軌跡
⑦ $L^*y^*z^*$　　⑧ 修正マンセル　　⑨ $L^*a^*b^*$
⑩ 釣り鐘　　　　⑪ 楕円　　　　　　⑫ 同心円
⑬ 刺激値　　　　⑭ 色差　　　　　　⑮ 座標値

第7問 三原色を使った色表示

次の文中に入る語句を語群の中から選んで解答欄に記入しなさい。

光の[ア]は、赤・緑・青紫である。英記号では[イ]で表される。可視放射の波長域は、ほぼ三等分することができるが、どの波長域が比較的強いかを検討すると、色の波長組成関係からだいたいどのような色であるかを知ることができる。波長と色の関係では、Rは[ウ]の光、[エ]は中波長域の光、[オ]は短波長域の光である。

〔語群〕

① 三属性　　　　　② 三原色　　　　　③ 三反対色
④ R、G、P　　　　⑤ R、G、PB　　　　⑥ R、G、B
⑦ R、Y、B　　　　⑧ 赤外線域　　　　⑨ 長波長域
⑩ 可視波長域　　　⑪ G　　　　　　　　⑫ Y
⑬ P　　　　　　　⑭ PB　　　　　　　⑮ B

第8問 色の測定の種類

次の文章の内正しい記述には①、誤った記述には②をそれぞれ解答欄に記入しなさい。

[ア] 分光測色方法において、横軸に波長、縦軸に分光反射率をとったグラフのことを「分光反射率曲線」という。

[イ] 測色の方法は、大きく物理測色方法と刺激値直読方法に分けられる。

[ウ] 分光測色方法は観察者や光の当て方、光源の種類などで判定が異なることがあるので注意が必要だ。

[エ] 視感測色方法で、比色のための照明は自然昼光でも人工昼光でもよいが、自然昼光の場合は日の出3時間後から日没前3時間以内に限る。

[オ] 色の測定器で求められる測定値を「4度視野の値」、「10度視野の値」と区別し、前者は視覚が1〜4度の寸法、後者は4度を越えた寸法の試料を見た場合の色に相関する。

第9問 色の測定の種類

次の文章の内正しい記述には①、誤った記述には②をそれぞれ解答欄に記入しなさい。

[ア] 視感測色において照明の照度は1,000 lx以上が原則で、自然昼光で2,000 lx、人工昼光では1,000〜4,000 lxが薦められている。

[イ] 分光分布曲線において、明度が高いほど反射率は大きくなり、彩度が高いほど曲線の起伏が大きくなる。

[ウ] 分光測色方法は、分光測光器で分光測光値を求めることで行われるが、第1種分光測光器の測定波長範囲は、380 nmから780 nmである。

[エ] 人の目によって比色を行うとき、観察者は数分間その照明下で作業面の補色に目をならしてから開始するのがよい。

[オ] 科学技術が日夜進歩しており、色見本は色あせるので、将来は目で色を測ることはなくなるだろう。

第10問　色の測定の種類

次の文章の内正しい記述には①、誤った記述には②をそれぞれ解答欄に記入しなさい。

[ア] 分光測色方法とは、色の持つ三刺激値を「光電色彩計」という光学器械で測定する方法である。
[イ] 三刺激値とは、人体で感じとる生理的刺激と同じである。
[ウ] 等色技術は、色の物理測色方法として産業界で広く実用されている。
[エ] 色は感覚の一種であるから、視感的手段による結果と物理的手段による測定結果とが一致しないことがある。
[オ] 色の測定は、物理測色方法と視感測色方法の2つに分類される。

第11問　三原色を使った色表示

次の文章の内正しい記述には①、誤った記述には②をそれぞれ解答欄に記入しなさい。

[ア] XYZ表色系の色度座標におけるx, y値は色相・彩度を表し、Yは明るさを示している。
[イ] 修正マンセル値のxy色度図上の等彩度線は、完全な同心円形をしている。
[ウ] XYZ表色系では色の差を伝えることが難しかったが、$L^*a^*b^*$表色系では、色差を計算式で伝えることができるようになった。
[エ] 三刺激値で色を表すと、$X+Y+Z$の値の合計は必ず100になる。
[オ] アメリカの物理学者マンセルが発表した、等色差楕円の分布を表現した色度図を見ると、色差をXYZ表色系による表示値で出すことが困難なのがよくわかる。

第12問　色の測定の種類

次の記述のうち、正しいものを1つ選んで解答欄に記入しなさい。
- [　ア　]「分光測光器」という光学器械は、光の波長ごとの強弱が測定できる。
- [　イ　] 視感測色方法では、測色用イルミナントや標準的な観測者を用いて数値を求める。
- [　ウ　] 分光測光器の測定波長範囲は380〜640nmである。

第13問　色の測定の種類

次の記述のうち、正しいものを1つ選んで解答欄に記入しなさい。
- [　ア　] 測定する対象が物体の表面の色の場合、色の分光特性を示したグラフを分光透過曲線という。
- [　イ　] 分光測色方法で一般的に用いられる光の測定値は、標準イルミナントD65の値である。
- [　ウ　] 分光器と測光器とを組み込んだ光学器械を照度計といって、構造の違いによって第一種分光測光器と第二種分光測光器とがある。

第14問　三原色を使った色表示

次の記述のうち、正しいものを1つ選んで解答欄に記入しなさい。
- [　ア　] XYZ表色系は、産業的・学術的に広く使用されているのにもかかわらず、日本の工業規格JISに制定されていない。
- [　イ　] XYZ表色系は、光の三原色R、G、Bをもとに変換されたもので、R、G、Bの代わりにC、Y、Mが用いられている。
- [　ウ　] アメリカ光学会が測色学的な視点から均等空間が得られるように修正したのが、修正マンセル表色系の色票である。

第15問

色の測定の種類
三原色を使った色表示

次の文章中の空欄に当てはまる語句を語群より選び解答欄に記入しなさい。

1 測光器により色の波長ごとの強弱を測定し、その値を計算して三刺激値を求める測色方法を[ア]という。

〔語群〕
　① 分光測色方法　　② 分光反射方法　　③ 三刺激値直読方法

2 測色結果のうち、横軸に波長、縦軸に反射率をあてはめてできたグラフで、数値だけではイメージしにくい色のキャラクターが読みとれるのは[イ]である。

〔語群〕
　① 色度図　　② 分光分布曲線　　③ 等色相関図

3 比色を行う際には照明に注意する必要があるが、人工照明としてJISで定めている光源[ウ]を用いれば充分である。

〔語群〕
　① 白熱電球　　② 常用光源蛍光ランプD65　　③ 低圧ナトリウムランプ

4 分光曲線で長波長の範囲（600〜700nm）が強く反射している色は、マンセル色相で[エ]に近い色相を持つ色である。

〔語群〕
　① 5Y　　② 5G　　③ 5R

5 XYZ表色系では色の違いを伝えることが難しかったが、新しい変数を使った[オ]では色差を求める計算式が得られるようになった。

〔語群〕
　① $L^*a^*b^*$表色系　　② マクアダムの偏差楕円　　③ 色度座標

第8章 混色と色再現

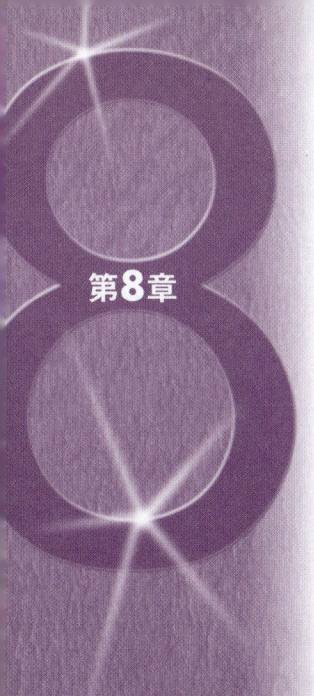

❶混色の原理
　混色の分類　　第1問、第2問、第5問、第6問、第8問
　加法混色　　　第3問、第10問①②、第11問①②
　中間混色　　　第9問①②
　減法混色　　　第9問③④、第11問③

❷色再現の方法
　混色を利用した色再現　　第4問、第7問、第9問⑤、
　　　　　　　　　　　　　第11問④
　テレビの色再現　　第10問③、第11問⑤
　印刷と写真の色再現　　第10問④⑤

第1問

混色の原理

次の文中に入る語句を語群の中から選んで解答欄に記入しなさい。

プロジェクターのフィルターには一般的に、赤・[ア]・青(青紫)が用いられる。この組合せは、できるだけ少ない色数で多くの色を再現するという基準にかなったもので、この色のことを光の[イ]と呼ぶ。光の混色である加法混色の一つ[ウ]は、人間の外部で起こる光の混色ではなく、もとの色は独立した色として存在しているが混色しているように見える、いわば人間の内部で起きる『視覚としての混色』である。[ウ]には、点で色を配列することによって作り出される[エ]がある。一方、減法混色は、絵の具やインキなどを混ぜ合わせ、混色した結果、もとの色に比べて明るさが減少することからこう呼ばれるが、このような色材の[イ]の代表は[オ]である。

〔語群〕

① 反対色　② 黄　③ 基準色
④ 青緑　⑤ シアン・レッド・イエロー　⑥ 刺激値混色
⑦ 点描混色　⑧ マゼンタ・シアン・グリーン　⑨ 知覚混色
⑩ 三原色　⑪ 緑　⑫ シアン・マゼンタ・イエロー
⑬ 中間混色　⑭ 錯覚混色　⑮ 併置混色

第2問

混色の原理

次の文中に入る語句を語群の中から選んで解答欄に記入しなさい。

求める色を作るためには混色をしなければならないが、その原理は[ア]と[イ]で異なる。[ア]の混色は加法混色といい、その代表的な原色は[ウ]である。また、[イ]の混色は[エ]といい、その代表的な原色はシアン・マゼンタ・イエローである。加法混色の一種に中間混色があるが、これにはコマを2色に塗り分けて高速で回したときに見られるような[オ]と、視覚的に判別できないほど小さい点を並べる併置混色がある。中間混色はもとの色の面積に応じた中間の明るさになることからこう呼ばれている。

〔語群〕

① R、Y、B ② 色材 ③ C、M、Y
④ 染料 ⑤ 平均混色 ⑥ 色素
⑦ 色源 ⑧ 加法 ⑨ 平行混色
⑩ 減法混色 ⑪ 回転混色 ⑫ R、G、B
⑬ 乗法 ⑭ 色光 ⑮ 光料

第3問

混色の原理

次の文中に入る語句を語群の中から選んで解答欄に記入しなさい。

加法混色の三原色を均等に混色すると、［　ア　］が作られる。これは、加法混色が光の混色であり、スペクトルで分光したときの全ての［　イ　］を加算して元に戻すことと共通している。混色された色が個々の原色の明るさより明るくなるのは、もとの色の［　ウ　］の加法だからである。原色はそれ以上に分けられない、混色で作り出せない色のことで、色光の三原色をそれぞれ2色混色すると、色材の三原色に近い色ができる。つまりRとGの混色では、イエロー、GとBでは［　エ　］、BとRでは［　オ　］を作り出すことができる。

〔語群〕

① 赤　　　　　② 黒　　　　　③ 青
④ シアン　　　⑤ 白　　　　　⑥ フィルター
⑦ マゼンタ　　⑧ エネルギー　⑨ 波長
⑩ 補色　　　　⑪ 緑　　　　　⑫ 太陽光
⑬ 反射率　　　⑭ 単一色光　　⑮ 入射光

第4問

色再現の方法

次の文中に入る語句を語群の中から選んで解答欄に記入しなさい。

身のまわりで混色の原理を利用して作られたものには、視覚的には見分けられない小さな光の点による「中間混色」を利用する[ア]や、シアン、マゼンタ、イエローの各色素が三層に重なり独立している3色素の濃度を変え、減法混色によってさまざまな色を作り出す[イ]などがある。色再現を行なうためには、再現すべき対象の色と再現した色を一致させることが求められる。本来、両者の分光分布を一致させればよいのであるが、一般的にはコストの問題から[ウ]で見て同じ色に見えることが基準となる。方法としては、[エ]を一致させることが行なわれており、この[エ]のXYZのことを三刺激値と呼ぶ。ただし、肌色や青空などは人のイメージの中に強く記憶されているため、実際の[エ]ではなく、[オ]色に再現する方法がとられている。

〔語群〕

① 測色値　　② 発光強度　　③ テレビ
④ 印刷　　　⑤ 色素の濃度　⑥ 網点面積率
⑦ 写真　　　⑧ 色フィルター　⑨ 測色器
⑩ 染料　　　⑪ 人間の眼　　⑫ カメラ
⑬ うすい　　⑭ 明るい　　　⑮ 好ましい

第5問

混色の原理
色再現の方法

次の文章の内正しい記述には①、誤った記述には②をそれぞれ解答欄に記入しなさい。

[ア] 光の混色のことを減法混色といい、色材の混色のことを加法混色という。

[イ] 再現された色のXYZを一致させることによって、眼に対する刺激が同じになり、同じ色として知覚される。

[ウ] 減法混色の三原色はシアン・マゼンタ・イエローで、この三色を均等に混色すると黒になる。

[エ] カラーテレビの原理は併置混色ではない。

[オ] 条件等色で同じ色に見えたものは、照明光の異なる場所では同じ色に見えないことがある。

第6問

混色の原理
色再現の方法

次の文章の内正しい記述には①、誤った記述には②をそれぞれ解答欄に記入しなさい。

[ア] 色光の三原色は、できるだけ少ない色数で多くの色を再現するという基準で選ばれている。

[イ] 減法混色は、加法混色に比べると色再現できる領域が狭い。

[ウ] 印刷では、一般にシアン・マゼンタ・イエローとブラックインキによる加法混色と併置混色が起こっている。

[エ] 光の混色では、ある条件で赤と緑をまぜると黄の光が作り出される。

[オ] 色材では黄とシアンを混ぜると赤になる。

第7問

混色の原理
色再現の方法

次の記述のうち、正しいものを1つ選んで解答欄に記入しなさい。

[　ア　] 条件等色とは、分光分布が異なってもXYZの三刺激値が同じであるため同じ色に見えることである。

[　イ　] 中間混色は、減法混色の一種である。

[　ウ　] コマを2色に塗り分けて高速で回すと、個々の色が見分けられなくなり、1つの色に混色したように見える。これを併置混色という。

第8問

混色の原理

次の記述のうち、正しいものを1つ選んで解答欄に記入しなさい。

[　ア　] 併置混色を継時中間混色ともいう。

[　イ　] 減法混色では、混色の結果を二種類の色材の透過率の和として表すことができる。

[　ウ　] 加法混色において、2色を混色して白色になる色と色同士を補色の関係にあるという。

第9問

混色の原理
色再現の方法

次の文章中の空欄に当てはまる語句を語群より選び解答欄に記入しなさい。

1 併置混色も回転混色も[ア]である。

〔語群〕
① 継時混色　　② 中間混色　　③ 減法混色

2 もとの色は独立した色として存在しているが、混色した色のように見える視覚としての混色を[イ]という。

〔語群〕
① 独立混色　　② 併置混色　　③ 配置混色

3 色材を混色し、光の一部を吸収することで別の色を作り出し、もとの色に比べ明るさが低くなるものを[ウ]という。

〔語群〕
① 加法混色　　② 減少混色　　③ 減法混色

4 印刷で、マゼンタ、イエロー、シアンの3色を100%ずつ刷り重ねた時に得られる色は[エ]である。

〔語群〕
① 赤　　② 緑　　③ 黒

5 [オ]とは、分光分布は異なるがXYZの三刺激値が同じなので同じ色として知覚することである。

〔語群〕
① 同等感色　　② 条件等色　　③ 再現等色

第10問

混色の原理
色再現の方法

次の文章中の空欄に当てはまる語句を語群より選び解答欄に記入しなさい。

1 色度図上にあるR、G、Bを結んだ三角形の内部が、その3色で加法混色して作ることのできる色の範囲であるが、そのような範囲を[ア]という。

〔語群〕
① 色実現混色　② 混色可能域　③ 色再現域

2 色度図上で白色点を通る直線を引き、その両端の色を加法混色するとその2色は白になるが、その2色の関係を[イ]という。

〔語群〕
① 補色　② 中間色　③ 等色

3 カラーテレビは視覚的には個々に見分けられない小さな光の点による[ウ]を利用している。

〔語群〕
① 併置混色　② 回転混色　③ 分光分布

4 [エ]は、色材が重なる部分では減法混色、重ならない部分では併置混色を利用している。

〔語群〕
① 写真　② テレビ　③ 印刷

5 印刷では、さまざまな色を作り出すために紙にのせるインキの量、すなわち[オ]を変えている。

〔語群〕
① 混色面積率　② 網点面積率　③ 投下面積率

第11問

混色の原理
色再現の方法

次の文章中の空欄に当てはまる語句を語群より選び解答欄に記入しなさい。

1 赤、緑、青の三色の光の色を均等に重ね合わせると出てくる色は[ア]である。

〔語群〕
① 黄色い光　② 白い光　③ 赤い光

2 加法混色で多くの色を出すことのできる三原色とは[イ]である。

〔語群〕
① 赤、青、緑　② 赤、黄、緑　③ 赤、青、黄

3 減法混色でシアンとマゼンタを均等に混色すると得られる色は[ウ]である。

〔語群〕
① 緑　② 赤　③ 青

4 肌色や青空は、人間のイメージの中に強く記憶されているため、実際の測色値と一致した色にしても違和感が残ることが多い。そのため、測色値ではなく[エ]に再現する方法がとられている。

〔語群〕
① 条件等色　② 好ましい色　③ 等しい分光分布

5 テレビなどのCRT画面を拡大してみると、3色の蛍光体を観察できる。このような装置ではこの3色の[オ]を変える信号を与えることによって色を作り出している。

〔語群〕
① 発光強度　② 液晶　③ 色素濃度

第9章 色と文化

❶日本の色彩文化
　色彩文化を学ぶ意義
　時代区分とその特性の概要
　各時代の特徴　　第1問、第2問、第3問、第4問、第5問、
　　　　　　　　　第11問、第12問、第13問、第14問、
　　　　　　　　　第17問 1 2 3 4 5 、第18問 1 2 3 4 5

　　1）神話時代と古墳時代
　　2）飛鳥・奈良時代
　　3）平安時代
　　4）位階制度と色
　　5）鎌倉時代
　　6）室町時代
　　7）桃山時代
　　8）江戸時代
　　9）明治・大正時代

❷絵画における色彩調和のとらえ方
　絵画における色彩　　第7問、第19問 3
　象徴としての色彩を重視する中世　　第15問
　描写価値を志向するルネサンス時代　　第19問 1 4
　色彩研究による調和論の基礎づけ　　第6問、第19問 2
　近代絵画における色彩の独自価値　　第8問、第16問、
　　　　　　　　　　　　　　　　　　第19問 5

　現代の絵画世界へ

❸現代の日本における商品色彩の変遷
　商品色彩の変遷を見るうえでの時代区分
　カラーステータスの時代—戦後から1960年頃
　　1）国防色とアメリカンカラー
　　2）シネモードと単色
　　3）ステータスとしてのインテリアカラー
　カラーパワーの時代—1960年頃〜1970年代初期　　第9問
　　1）シャーベットトーン
　　2）ヤングファッションの台頭とコーディネーション
　　3）ピーコック革命
　　4）ポップアートと原色使い
　　5）反社会的色彩としてのジーンズカラー
　　6）高度成長を体現するイエロー
　二元化の時代へ—1970年代の濁色　　第10問
　　1）アースカラーと濁色
　濁色から清色の時代へ—ホワイトとパステルカラー
　の1980年代
　　1）白、黒とパステルカラー
　　2）無機的色彩—黒
　　3）バブル経済と高級志向—エコロジーカラーとダークカラー
　成熟時代の色—1990年代以降

第1問

日本の色彩文化

次の文中に入る語句を語群の中から選んで解答欄に記入しなさい。

赤、[ア]、黒の3色は、最も古い時代から使われている色である。これは、日本に限らず全世界に共通している。飛鳥時代には大陸から鉱物性[イ]が渡来したという記録があるが、実際にどのような色数が整っていたかは明らかでない。奈良時代になると、臙脂、[ウ]、藍などの[エ]を含むほぼ全色相の絵の具が日本で用いられるようになった。また、彩色には、メノウ、貝、桑、象牙などが使われており、当時はこれらの[オ]が絵の具の色と同等に見られていた。実際の色使用の態度としてはそのような見方こそが有効であり、現在にもそのまま通じることである。

〔語群〕

① 朱　　　　② 顔料　　　　③ 染料
④ 蜜陀絵　　⑤ 蘇芳　　　　⑥ 藤黄
⑦ 支子　　　⑧ にかわ　　　⑨ 白
⑩ 黄　　　　⑪ 緑　　　　　⑫ 素材の色
⑬ 金　　　　⑭ 焼き物　　　⑮ 漆喰

第2問

日本の色彩文化

次の文中に入る語句を語群の中から選んで解答欄に記入しなさい。

奈良時代を特徴づける配色技法に[ア]がある。赤や緑の色彩を[イ]で三分割し、外に行くほど明るく並べ、他の色との境界を[ウ]でくくる技法である。また、平安時代の宮中では、季節の移り変わりを[エ]という配色で衣服に表現するようになり、色名も増加した。染色技術も発達し、染色技法をそのまま色名に取り入れる例も見られる。その一例が[オ]である。

〔語群〕
① 裾濃　　　② 象嵌　　　③ 匂い
④ 暈繝　　　⑤ 色々　　　⑥ 唐紅
⑦ 色目　　　⑧ 明暗　　　⑨ 色相
⑩ 黒　　　　⑪ 白　　　　⑫ 金
⑬ 深緋　　　⑭ 刈安　　　⑮ 薄様

第3問

日本の色彩文化

次の文中に入る語句を語群の中から選んで解答欄に記入しなさい。

推古11年に制定された[ア]は位階を色で表わした制度である。それらの色には中国の[イ]の色が当てられたが、[イ]にはない[ウ]が最高位に定められているのが特徴である。その後、各天皇の代に位階の数や色は変化していくが、身分によって定められた色と、それより下位の色を着ることができるとする[エ]の制度には乱れが生じ、平安時代に入ると新たに[オ]の制度に改められたが、次第に有名無実のものとなっていく。これは、衣服の色の魅力を庶民が知り、自分たちも使うことに強い要望を持ったことを示している。

〔語群〕

① 冠位十二階　② 七色十三階の冠制　③ 大宝の衣服令
④ 陰陽道　　　⑤ 道教思想　　　　　⑥ 五行説
⑦ 黄　　　　　⑧ 緋　　　　　　　　⑨ 紫
⑩ 禁色　　　　⑪ 当色　　　　　　　⑫ 聴色
⑬ 朝服　　　　⑭ 束帯　　　　　　　⑮ 色目

第4問

日本の色彩文化

次の文中に入る語句を語群の中から選んで解答欄に記入しなさい。

鎌倉時代の文化には武士の性質が強くあらわれている。その様相を特徴的に示す例が[　ア　]である。これは、さまざまな工芸技術を総合的に活かしたものであり、日本固有の表現による芸術と言うこともできる。色彩の点から見ると、戦場で目立ちやすい効果的な色と文様が用いられている。しかし、その色模様を表す色名については、平安時代からの呼び名が踏襲されており、上方が濃く下方にいくに従って薄くなるぼかし方である[　イ　]、下方にいくほど濃い色になるぼかし方である[　ウ　]など、かつての衣服と同じ方法が使用されていた。その他の工芸品にも、特に[　エ　]を重んじた文様が多く見られる。好まれた色では、勝色、海松色、焦げ茶の仲間である[　オ　]などがあり、重い感じの色が多いのもこの時代の特徴である。

〔語群〕

① 漆芸　　　　② 金箔　　　　③ 甲冑
④ 村濃　　　　⑤ 濃淡　　　　⑥ おどし
⑦ 匂い　　　　⑧ 裾濃　　　　⑨ かさね
⑩ 象徴性　　　⑪ 吉祥性　　　⑫ 威厳性
⑬ 柿色　　　　⑭ 今様色　　　⑮ 檜皮色

第5問

日本の色彩文化

次の文中に入る語句を語群の中から選んで解答欄に記入しなさい。

江戸時代前期は富を持ち始めた町人に衣装比べが流行し、総鹿の子、金糸刺繍など贅を凝らした衣装が競って作られたが、やがて[　ア　]で制限されるようになる。後期には度重なる禁止令により、安価な染料を用いて高価な染色に似せた色を染める[　イ　]などの色も工夫されたが、その一方で比較的経費のかからない茶色系の色が多数現れることになった。俗に言う「四十八茶、百[　ウ　]」は、そうしたこの時代独特の流行を表わした言葉である。中でも茶色は人気の歌舞伎役者の名前にちなんで、団十郎茶、[　エ　]、璃寛茶など多数あるが、現代の茶色の色相より範囲が広い。この他に[　オ　]、鬱金、などもこの時代にできた色名である。

〔語群〕

① 倹約令　　　② 奢侈禁止令　　③ 小袖幕
④ 二藍　　　　⑤ 海老茶　　　　⑥ 偽紫
⑦ 灰　　　　　⑧ 墨　　　　　　⑨ 鼠
⑩ 路考茶　　　⑪ 千歳茶　　　　⑫ 利休茶
⑬ 檜皮色　　　⑭ 勝色　　　　　⑮ 納戸色

第6問　絵画における色彩調和のとらえ方

次の文中に入る語句を語群の中から選んで解答欄に記入しなさい。

ニュートンはプリズムを使って白色光を［　ア　］に分ける実験をして、色彩を科学的に解明し「光学」を著した。ニュートンに対し、ゲーテは色彩現象を緻密に観察することで、生理的側面から追求し、［　イ　］を著した。フランスのシュブルールも［　ウ　］の研究から［　エ　］を発表した。ゲーテやシュブルールの研究は、絵画の色彩調和を考える上で重要な意味を持ち、［　オ　］など19世紀の画家たちに大きな影響を与えた。

〔語群〕

① スペクトル　　　② 分光曲線　　　③ プリズム
④ 絵画論　　　　　⑤ 色彩論　　　　⑥ 光学
⑦ フレスコ画　　　⑧ ゴブラン織　　⑨ 人工染料
⑩ 色の同時対比の法則　⑪ 色光論　　⑫ 色彩調和論
⑬ ティツィアーノ　⑭ ドラクロア　　⑮ マチス

第7問　絵画における色彩調和のとらえ方

次の文中に入る語句を語群の中から選んで解答欄に記入しなさい。

絵画の色彩を考える際、色彩の[　ア　]と[　イ　]という2つの役割を区別しておくとよい。前者は対象の写実的再現等のために用いられる色彩の働きを指し、後者は色彩そのものが生み出す効果を示すものといえる。中世のモザイクやステンドグラスには、色彩の[　イ　]を重視した表現が多く見られるが、その中でも、色彩を宇宙や宗教的な教義などに深く結びつけた[　ウ　]と呼ばれる用法が目立つ。ルネサンス期にはリアリズムや自然主義へと方向転換が起こり、[　ア　]を重視する方向に変化したが、そのためにかえって理論的な、また技術的な色彩の知識の必要から、[　エ　]への関心が高まるという動きもあらわれた。15世紀の建築家であり芸術理論家であるアルベルティは、「色の配合によって他の無限の色が生まれるが、真の色はわずか四[　オ　]しかない。」と述べるなど、この時代の理論家や画家達によって新たに色彩の研究が深められた。

〔語群〕
① 叙述価値　　② 描写価値　　③ 再現価値
④ 独自価値　　⑤ 表現価値　　⑥ 象徴的価値
⑦ 回帰主義　　⑧ 復古主義　　⑨ 自然主義
⑩ カラーオーダシステム　⑪ カラーハーモニー　⑫ カラートーン
⑬ 補色　　　　⑭ 原色　　　　⑮ 固有色

第8問　絵画における色彩調和のとらえ方

次の文中に入る語句を語群の中から選んで解答欄に記入しなさい。

[　ア　]は、1874年の第1回展覧会から1886年まで続いた絵画運動である。この第1回展には[　イ　]、ピサロ、セザンヌ、シスレー、ルノワールらが参加し、それまでの絵画が物語を主題とする逸話世界を描いていたのに対し、陽光の下に広がる色彩世界を主題とした。対象の固有色を否定し、すべてが光のもとに変化する[　ウ　]に置き換えたことが大きな特徴である。印象主義の画家たちは絵の具を混合することで画面の[　エ　]が損なわれることを嫌い、画面を小色面として使用することを好んだ。微少な色面で画面を構成したり、[　オ　]と呼ばれるモザイクに似た技法がこの時代の作品に顕著である。

〔語群〕

① 抽象主義　　② 印象主義　　③ アール・ヌーボー
④ モネ　　　　⑤ ターナー　　⑥ ドラクロア
⑦ 補色　　　　⑧ 現象色　　　⑨ 配色
⑩ 奥行き　　　⑪ 輝度　　　　⑫ 明るさ
⑬ 点描　　　　⑭ グラデーション　⑮ パレット

第9問　現代の日本における商品色彩の変遷

次の文中に入る語句を語群の中から選んで解答欄に記入しなさい。

1960年代初頭の流行色として［　ア　］が挙げられる。これは特定の色相ではなく、トーンとしての色である。1962年に［　イ　］から婦人服のための色として発表され、その他の業界も巻き込んだ共同キャンペーンが張られて一大流行色となった。1960年代は、［　ア　］を皮切りに［　ウ　］調へと次第に色彩の彩度が上昇していく流れがうかがえる。この流れは衣料分野にとどまらず、［　エ　］も［　ウ　］調が全盛となり、使われる色彩の彩度、配色のコントラストともに、現在からすると想像できないほど強い商品が現れた。60年代後半から70年代初期にかけてさまざまな商品にこの時代を特徴づける［　オ　］が現れている。［　オ　］は、「陽気、楽しい、明るい」などの60年代の気分を反映した色であった。

〔語群〕

① グレイッシュトーン　② モノトーン　③ シャーベットトーン
④ インターカラー　⑤ 日本流行色協会　⑥ 国民生活白書
⑦ 原色　⑧ アースカラー　⑨ エコロジーカラー
⑩ 絵画　⑪ インテリアファブリックス　⑫ メンズファッション
⑬ イエロー　⑭ グリーン　⑮ ブルー

第10問　現代の日本における商品色彩の変遷

次の文中に入る語句を語群の中から選んで解答欄に記入しなさい。

［　ア　］は、1970年代中期から後期にかけてのファッションカラーとして、衣料・インテリア・乗用車・家電製品などに至るまで幅広く人気を得た。［　ア　］のバリエーションの中でも、特に［　イ　］は現在に至るまで［　ウ　］の代表色として市場に定着している。この流行は、1960年代のシャーベットトーンと異なり、自然発生的な［　エ　］の性格を持っている。70年代の流行色や人気色は、多くが［　オ　］系であり、60年代の原色調の派手感に対し地味感の強い色であった。

〔語群〕
① チョコレートブラウン　② ダークカラー　③ アースカラー
④ グレー　⑤ ベージュ　⑥ ブラック
⑦ 生産者主導型　⑧ 高級志向　⑨ 生活者主導型
⑩ エコロジー　⑪ 自然志向　⑫ インテリア
⑬ 濁色　⑭ 清色　⑮ 明色

第11問

日本の色彩文化

次の文章の内正しい記述には①、誤った記述には②をそれぞれ解答欄に記入しなさい。

[ア]「日本書紀」や「播磨風土記」には、原始社会に共通に見られる色として白、青、赤に関する記述が登場する。

[イ] 平安時代の宮廷では色彩は大きな意味をもっており、季節に合わせた衣服の配色をすることは身分や才能を示す重要な要素であった。

[ウ] 奈良時代には染色技術が進歩し、赤は紅花や茜から、黄色は刈安や黄蘗から、青は藍から染められるようになった。

[エ] 冠位十二階では位階ごとの衣服が6つの色の濃淡で定められたが、その内、黄を除く5色は五行説によって定められた色であった。

[オ] 冠位十二階では、赤より紫の方が高い位階の色である。

第12問

日本の色彩文化

次の文章の内正しい記述には①、誤った記述には②をそれぞれ解答欄に記入しなさい。

[ア] 今様色は平安時代の特徴を示す青色系の色名である。

[イ] 古くから、赤系や紫系の色料には、様々なものが用いられてきている。臙脂は、赤系の代表的な鉱物顔料として知られている。

[ウ] 自分の身分より上の位を表す色を着ることが許される制度を「当色」という。

[エ] 平安時代には、染色技術が発達し、色名も鉱物や顔料の名前など限られた名称から、染色技法を表す名称などにも広がっていった。

[オ] 支子は、奈良時代の黄色染料の代表的なものである。

第13問　日本の色彩文化

次の文章の内正しい記述には①、誤った記述には②をそれぞれ解答欄に記入しなさい。

[ア] 柿色は、室町時代に広く一般の人々に用いられた実用的な染色のひとつである。

[イ] 桃山時代は南蛮文化や金碧障壁画など金色が多用されたが、その一方で、千利休が創始した茶道の精神的文化は黒や灰色のような質素な色を好んだ。

[ウ] 堆黒、根来塗は、大胆なデザインと色彩をもつ工芸品として、安土桃山時代に広く流行した。

[エ] 安土桃山時代は、摺箔、縫箔のような織物や、金碧障壁画に代表される金彩美の時代といえる。

[オ] 桃山時代には、様々な模様と配色を懲らした新奇な意匠の小袖が作られ、流行した。

第14問　日本の色彩文化

次の文章の内正しい記述には①、誤った記述には②をそれぞれ解答欄に記入しなさい。

[ア] 江戸時代の町人は、紅染めや紫染めの使用が禁止されたので、似せ紫のような染めを工夫した。

[イ] 江戸時代の色の流行は禁令により、布地の質や染料などが制限されていたため、色相の片寄った範囲になった。

[ウ] 歌舞伎役者の人気によって流行した役者色には鼠色が多い。

[エ] 鼠色の流行は明治時代になっても続き、都鼠、胡蝶鼠、貴族鼠など新しい感覚の名前が付けられた。

[オ] わが国で始めて体系的な色彩学の本が著され、色彩科学が導入されたのは明治時代のことである。

第15問
絵画における色彩調和のとらえ方

次の記述のうち、正しいものを1つ選んで解答欄に記入しなさい。

[　ア　] 画家たちは古くより色彩三角形や色彩環などさまざまなカラーオーダシステムを想定してきたが、こうした研究を科学的実証的色彩論と呼ぶ。

[　イ　] 色彩の持つ象徴性とは色彩の独自価値の重要な一側面である。

[　ウ　] 中世キリスト教の聖堂に見られるステンドグラスでは、描写価値が重んじられ、キリストやマリアは写実性にあふれた色彩で描かれている。

第16問
絵画における色彩調和のとらえ方

次の記述のうち、正しいものを1つ選んで解答欄に記入しなさい。

[　ア　] シニャックやスーラは、中間混色の理論を応用して、実際に絵の具を混ぜないで画面を表現した。

[　イ　] 印象派の画家たちは、光によって変化する現象色を否定し、物体が持つ固有色で表現しようとした。

[　ウ　] 20世紀、画家たちは色彩の独自価値を否定し、描写価値を追求しはじめた。

第17問

日本の色彩文化

次の文章中の空欄に当てはまる語句を語群より選び解答欄に記入しなさい。

1 植物の名や自然の事象などで季節感を表わした配色を[ア]という。

〔語群〕
① 禁色　② 匂い　③ 色目

2 一斤染、掻練、退紅、今様色、これらはみな[イ]の色相の色名である。

〔語群〕
① 赤色系　② 橙色系　③ 黄色系

3 奈良時代から平安時代にかけて[ウ]による染色技術の発達により、多数の色が染められるようになった。

〔語群〕
① 鉱物性色料　② 動物性色料　③ 植物性色料

4 平安時代の宮廷人が好んだ、季節感などを取り入れた衣服の配色を色目という。例えば、淡緑と赤の配色は[エ]と呼ばれた。

〔語群〕
① 櫨紅葉　② 紅葉　③ 若楓

5 平安時代、一斤染のように平人なら誰でも着用できた衣服の色で、禁制の紅や紫とは違う色に見えるような、ごくごく薄い紅や紫を[オ]という。

〔語群〕
① 平色　② 聴色　③ 役色

第18問

日本の色彩文化

次の文章中の空欄に当てはまる語句を語群より選び解答欄に記入しなさい。

1 安土桃山時代、ポルトガル人達がもたらした品々から影響を受けた華やかで、奇抜なデザインが特色の文化を〔 ア 〕という。

〔語群〕
① 儒教文化　② 長崎文化　③ 南蛮文化

2 〔 イ 〕は室町時代の代表的な茶色の色名で、山伏や遊行僧の衣服に用いられた、落ち着いた色であった。

〔語群〕
① 朱華色　② 柿色　③ 紅殻色

3 鎌倉時代は武士の時代を反映して、海松色、檜皮色、勝色などの〔 ウ 〕が好まれた。

〔語群〕
① 地味な色　② 素朴な色　③ 重厚な色

4 明治時代後期に登場した〔 エ 〕は、従来の経験的・技法的な色彩観を根底からくつがえすきっかけとなった。

〔語群〕
① 色彩科学　② 有機化学　③ 芸術学

5 明治から大正にかけて流行した、輸入染料で染めた冴えた明るい青色を〔 オ 〕という。

〔語群〕
① 新橋色　② 勝色　③ 梅幸茶

第19問　絵画における色彩調和のとらえ方

次の文章中の空欄に当てはまる語句を語群より選び解答欄に記入しなさい。

1 ルネサンス期の絵画は古典的主題を描きながら、[　ア　]へと変化した。つまり、そこに描かれている人物や風景は現実世界のもので、この時代に急速な発展をとげた自然科学の影響が感じられる。

〔語群〕
① 現実主義　　② 自然主義　　③ 古典主義

2 三原色とその補色による色彩環を想定し、色彩現象を生理的、心理的機構から追求して画家たちに大きな影響を与えたのは[　イ　]である。

〔語群〕
① ゲーテの色彩調和論　　② シュブルールの色彩調和論　　③ ターナーの色彩調和論

3 画家たちは色彩には知覚的特性をそなえた体系である[　ウ　]があることを体験的に知っていたが、近世以降、特にその研究が盛んになった。

〔語群〕
① カラーハーモニー　　② カラーコード　　③ カラーオーダシステム

4 [　エ　]を混合することで無限の色をつくり出すという、古代ギリシャのデモクリトスやアリストテレスが唱えた理論に由来する考え方は、ルネサンス期に新たに研究が深められた。

〔語群〕
① 正色　　② 原色　　③ 補色

5 [　オ　]の画面の特徴は、顔料を小面積に併置する技法により明るい画面がつくり出されたこと、また、微少な色面を併置することで、画面全体がまるで面色のような柔らかい不思議な世界を生み出していることである。

〔語群〕
① モネ作「アルジャントゥイユのレガッタ」
② セザンヌ作「サント・ヴィクトワール山とシャトー・ノワール」
③ スーラ作「アニエールの水浴」

解答・解説

解答解説

第1章 色の性質

第1章●第1問 色の効用とカラーコーディネーション

■解答 ア①(鮮度)　イ⑥(美観)　ウ⑩(売れ行き)
　　　エ⑧(識別)　オ⑭(快適性)

第1章●第2問 色の効用とカラーコーディネーション

■解答 ア②(秩序)　イ④(知識)　ウ⑧(色彩計画)
　　　エ⑩(法的規制)　オ⑭(配色)

【解説】カラーコーディネーターは、色彩がもたらすさまざまな作用についての知識が求められる。またその知識を実務に活かすために、色彩計画を施す対象となる物、商品についての深い理解も必要となる。ヒット商品となっている物や身近な広告などを、色彩という視点で眺めてみよう。きっと、さまざまな色彩効果や隠された意味などについて気づくことがあるはずである。

第1章●第3問 色が見えるまで

■解答 ア①(電磁波)　イ⑤(可視光線)　ウ⑦(自然光)
　　　エ⑧(人工光)　オ⑭(白色光)

【解説】色が見えるのは、どのような働きがあるためであるかを理解することで、カラーコーディネーションをより効果的におこなうことができるようになる。物理的な内容は難しい概念も多いが、「色の仕組み」を知ることは色彩計画の上で必要なことである。

第1章●第4問 色の効用とカラーコーディネーション

■解答 ア②　イ①　ウ②　エ②　オ①

解答解説

第1章●第5問　　　　　　　　　　　　　　　　　　　　色が見えるまで

■解答　ア①　イ②　ウ①　エ②　オ①

【解説】この問題中の「標準イルミナント」は、平均昼光を代表する標準イルミナントD65を示しているため、タングステン電球の光とは全く異なる性質を持っている。標準イルミナントとは、分光分布が規定された光源を指しており、いわば理論上の光であるためこの性質の光が必ずしも実在するとは限らない。この標準イルミナントD65の性質に、できる限り近づけた人工光源が「常用光源蛍光ランプD65」である。

第1章●第6問　　　　　　　　　　　　　　　　　　　　色が見えるまで

■解答　ア②　イ①　ウ①　エ②　オ①

第1章●第7問　　　　　　　　　　　　　　　　　　　　色が見えるまで

■解答　ア②　イ①　ウ②　エ①　オ①

第1章●第8問　　　　　　　色の効用とカラーコーディネーション／色が見えるまで

■解答　ア①（安全や危険）　イ②（標準化）　ウ③（色名）
　　　　エ①（選択的）　オ②（配色）

【解説】現実のカラーコーディネーションでは、いわゆる「色彩調和論」との整合性が得られない場合もある。また、その時代や環境によって求められる色彩も異なるため、一般的な調和論が当てはまらないこともある。ただし、美しい配色が調和論にかなっている実例は身近にも必ず見つかるはずであるし、さまざまな色彩調和論を理解しておくことで、新しい配色を考える上で役に立つことは多い。

解答解説

第2章 色と心理

第2章●第1問　　　　　　　　　　　　　　　　　　　　　色の連想と象徴

■解答　ア ⑥（観念連合）　イ ⑧（内面的要因）　ウ ⑩（社会的集団）
　　　　エ ①（刺激）　オ ⑬（抽象的連想）

【解説】色の連想調査をおこなって得られる「連想語」は、調査対象者の年齢や帰属している社会によるちがいが現れることがある。緑の連想に「山の手線」があるのは、対象者の在住地域に関連がある。また、時代性が反映することもあり、かつては「白」の連想語であった「土蔵」や「障子」などは1970年代の調査では出現していない。

第2章●第2問　　　　　　　　　　　　　　　　　　　　　色の連想と象徴

■解答　ア ①（抽象的連想）　イ ⑬（感情的）　ウ ⑤（象徴性）
　　　　エ ⑨（象徴語）　オ ⑪（具体的連想のほうが多い）

第2章●第3問　　　　　　　　　　　　　　　　　　　　　色の連想と象徴

■解答　ア ⑦（中間色）　イ ⑤（無彩色）　ウ ④（有彩色）
　　　　エ ①（象徴）　オ ⑬（言語）

第2章●第4問　　　　　　　　　　　　　　　　　　　　　色の連想と象徴

■解答　ア ③（五行思想）　イ ④（朱夏）または⑧（白秋）　ウ ④または⑧
　　　　エ ⑪（冠位十二階の制）　オ ⑮（紫）

【解説】五行思想では方角にも色が対応しているが、同様に方角と色を対応させた例は他の地域にも見られる。例えばインドでは、東を白、西を黒、南を黄、北を赤としている。

第2章●第5問　　　　　　　　　　　　　　　　　　　　　色の連想と象徴

■解答　ア ③（黄）　イ ⑨（旗）　ウ ⑫（紋章）
　　　　エ ②（青）　オ ⑬（金と銀）

【解説】ヨーロッパでの色の象徴を考えるとき、キリスト教の宗教画に見られる象徴も忘れてはならない。聖母マリアの外套は青で描かれていることが多いが、青は天国と真実の象徴であり魔よけの意味もあった。また、赤はキリストの血であり受難のシンボルであったため、慈悲や同胞愛を示すともいわれる。

解答解説

第2章●第6問　色がもたらす心理的効果

■解答　ア ②（心理的効果）　イ ⑥（文化的営み）　ウ ⑫（赤）
　　　　エ ⑩（黒）　オ ⑭（共様性）

第2章●第7問　色がもたらす心理的効果

■解答　ア ①（色相）　イ ⑥（膨張・収縮）または ⑨（軽重）
　　　　ウ ⑥または⑨　エ ⑩（派手・地味）　オ ⑬（有彩色）

第2章●第8問　色がもたらす心理的効果

■解答　ア ②（明度）　イ ⑮（チェスキン）　ウ ⑧（黒い）
　　　　エ ⑫（うす緑）　オ ⑥（見かけ）

【解説】チェスキンの例だけでなく、ビレンもまた著書である『色彩心理と色彩療法』の中で、運搬に使われる箱やコンテナの色には寒色系や明るい色をすすめている。

第2章●第9問　色がもたらす心理的効果

■解答　ア ③（明朗）　イ ⑤（注意）　ウ ⑧（SD法）
　　　　エ ⑩（反対語対）　オ ⑭（因子分析）

【解説】イメージの世界の構造を解析するため、オズグッドがコミュニケーション研究の中から開発したSD法は、日本語では「意味微分法」といわれる。

第2章●第10問　色がもたらす心理的効果

■解答　ア ①　イ ②　ウ ①　エ ②　オ ②

【解説】彩度と関連の深い心理的効果は色の派手・地味感である。

第2章●第11問　色の連想と象徴

■解答　ア ②　イ ②　ウ ①　エ ①　オ ②

第2章●第12問　色の連想と象徴

■解答　ア ②　イ ①　ウ ①　エ ②　オ ②

【解説】1950年におこなわれた、着色した摂氏37度のお湯を入れたビーカーに指を浸して、温かさを比較する実験では、赤・橙・黄・緑・菫・黒・青・白の順に温度が高いと判定される、という結果が残っている。

第2章●第13問 色がもたらす心理的効果

■解答 ア①　イ②　ウ②　エ①　オ②

【解説】色の進出・後退感は、まず色相に左右される。特に、暖色・寒色に対応すると考えられており、赤やオレンジ・黄は進出色、青や青紫は後退色であるとされる。また色相に次いで、背景色との明度の差も進出・後退効果に影響を与えていると考えられる。

第2章●第14問 色の連想と象徴

■解答 ア①　イ①　ウ②　エ①　オ②

第2章●第15問 色がもたらす心理的効果

■解答 ア

第2章●第16問 色がもたらす心理的効果

■解答 イ

第2章●第17問 色がもたらす心理的効果

■解答 イ

第2章●第18問 色の連想と象徴

■解答 ア①（観念連合）　イ③（抽象的連想）　ウ①（連想語）
　　　エ③（抽象的連想）　オ②（色の象徴性）

第2章●第19問 色の連想と象徴／色がもたらす心理的効果

■解答 ア③（青）　イ③（黄）　ウ①（冠位十二階の制）
　　　エ②（ムンクの『叫び』）　オ②（色の共様性）

第2章●第20問 色がもたらす心理的効果

■解答 ア③（誘目性）　イ③（清・濁感）　ウ②（色相）
　　　エ②（色の進出・後退感）　オ③（色の硬軟感）

【解説】配色する対象である「赤ちゃんの肌」を考慮して、「柔らかい色」が用いられているように、対象によって使用する色が持つ心理的効果を上手に使っていくことが大切である。

第2章●第21問 色がもたらす心理的効果

■解答 ア①（チェスキン）　イ②（マンセル表色系）　ウ③（SD法）
　　　エ③（プロフィール）　オ①（ティント）

解答・解説

第3章　色を表し、伝える方法

第3章●第1問　　　　　　　　　　　　　　　　　　色の表示方法とその特徴
■解答　ア ⑧（色見本方式）　　イ ③（慣用色名）　　ウ ⑥（基本色名）
　　　　エ ⑤（系統色名）　　　オ ⑬（彩度）

第3章●第2問　　　　　　　　　　　　　　　　　　色の表示方法とその特徴
■解答　ア ⑭（慣用色名）　　イ ④（系統色名）　　ウ ⑩（新橋色）
　　　　エ ⑨（基本色名）　　オ ①（明るい緑みの青）

【解説】色は眼で見て確認できるものであるが、言葉で伝えなければならない場面も多い。その際、できるだけ正確に伝達するために、ある規則に従った色名を使用する、という方法がとられる。JISの系統色名の規則では、基本色名と修飾語によってかなりの色を表現することができる。また、具体的な物の名前がそのまま色名になっていることが多い慣用色名では、色のイメージを伝えることができる。

第3章●第3問　　　　　　　　　　　　　　　　　　色の表示方法とその特徴
■解答　ア ④（黄）　　イ ⑥（緑みの青）　　ウ ⑭（明度）
　　　　エ ⑧（緑み）　　オ ⑪（青み）

第3章●第4問　　　　　　　　　　　　　　　カラーオーダシステムによる方法
■解答　ア ⑦（カラーオーダシステム）　　イ ⑩（マンセル）　　ウ ⑪（色相）
　　　　エ ⑧（彩度）　　オ ⑫（均等性）

【解説】カラーオーダシステムとは色を客観的に体系化して表す試みであり、過去から現在までさまざまなシステムが研究されてきた。代表的な例としてマンセルシステム、CCIC、NCS、PCCS等を、そのシステムを成り立たせている考え方や仕組みとともに理解しておこう。特に、三属性やトーンの呼び方がそれぞれに異なるので、よく整理しておくことが大切である。

第3章●第5問　　　　　　　　　　　　　　　カラーオーダシステムによる方法
■解答　ア ⑬（色彩調和）　　イ ⑧（トーン）　　ウ ⑨（ペール）
　　　　エ ⑪（ビビッド）　　オ ⑤（類似）

第3章●第6問　　　　　　　　　　　　　　　カラーオーダシステムによる方法
■解答　ア ①（マンセル）　　イ ⑤（ヘリング）　　ウ ⑨（スウェーデン）
　　　　エ ⑪（心理的尺度）　　オ ⑬（高明度色）

解答・解説

第3章 ● 第7問　　　　　　　　　　　　　カラーオーダシステムによる方法

■解答　ア ③(NCS)　　イ ⑧(黒み)　　ウ ⑤(色み)
　　　　エ ⑩(90)　　オ ⑪(10)

【解説】NCSは、心理的尺度にもとづき「どのように見えるか」という人間の知覚量を表記できるのが特徴である。例えば、「2060-B10G」という表示の場合、黒み20%、色み60%(青み：緑み＝9：1)、白み20%という構成比の色であることがわかり、色記号からの色の推定が比較的容易である。

第3章 ● 第8問　　　　　　　　　　　　　色の表示方法とその特徴

■解答　ア ①　　イ ①　　ウ ②　　エ ①　　オ ②

第3章 ● 第9問　　　　　　　　　　　　　色の表示方法とその特徴

■解答　ア ①　　イ ②　　ウ ①　　エ ②　　オ ②

【解説】慣用色名は、本来その名前から色のイメージがつかめるような色名であるが、伝統的な色名に関しては現在あまり使われなくなっているものもあるため、色名と色の対応ができるよう資料などで確認しておこう。

第3章 ● 第10問　　　　　　　　　　　　カラーオーダシステムによる方法

■解答　ア ①　　イ ②　　ウ ①　　エ ②　　オ ②

第3章 ● 第11問　　　　　　　　　　　　カラーオーダシステムによる方法

■解答　ア ②　　イ ①　　ウ ②　　エ ②　　オ ①

第3章 ● 第12問　　　　　　　　　　　　カラーオーダシステムによる方法

■解答　ア ②　　イ ①　　ウ ②　　エ ②　　オ ①

【解説】PCCSでは、完全純色の彩度をすべて10sと定義している。従ってPCCSの色立体ではマンセルの色立体と異なり、彩度軸のでこぼこがなく、なめらかな立体となる。

解答解説

第3章●第13問   色の表示方法とその特徴
■解答 ア

【解説】JISの系統色名は、色を表す基本であるため基本色名および修飾語に関してよく理解しておくことが必要である。特に、色相に関する修飾語などではそれぞれの修飾語に適用できる基本色名がきまっているため、注意が必要である。ただし、色相環などを眺めながらよく考えれば、修飾語の適用できる色相に限りがあるのは明らかであるから、単に語句を覚えるのではなく色を見ながらトレーニングをしておくとよい。

第3章●第14問   カラーオーダシステムによる方法
■解答 イ

第3章●第15問   カラーオーダシステムによる方法
■解答 ウ

第3章●第16問   カラーオーダシステムによる方法
■解答 イ

第3章●第17問   色の表示方法とその特徴／カラーオーダシステムによる方法
■解答 ア ③(色相環)   イ ①(色見本方式)   ウ ③(知覚的等歩度)
　　　 エ ②(飽和度)   オ ①(色立体)

第3章●第18問   色の表示方法とその特徴／カラーオーダシステムによる方法
■解答 ア ②(等色相断面)   イ ②(PCCS)   ウ ①(NCS)
　　　 エ ②(輝度)   オ ①(系統色名)

第3章●第19問   カラーオーダシステムによる方法
■解答 ア ③(トーン)   イ ②(中間色相)   ウ ②(無彩色スケール)
　　　 エ ①(カラフルネス)   オ ②(5R5/14)

【解説】マンセルシステムでは、色は「1YR6/4」のように表される。この中で1YRは色相、6は明度、4は彩度である。明度は0〜10の範囲内で表されるが、彩度は無彩色からどの程度離れているかの度合いとして示されるので、上限の規定はない。ただし、実際上は14がほぼ最高値である。

第4章 配色と色彩調和

第4章●第1問　　　　　　　　　　　　　　　　　　　　　　色彩調和の考え方

■解答　ア ③（イメージ）　　イ ⑧（類似色相配色）　　ウ ⑭（1）
　　　　エ ⑨（ムーン-スペンサー）　　オ ⑩（補色色相配色）

第4章●第2問　　　　　　　　　色彩調和の考え方／主な色彩調和論と調和の原則

■解答　ア ⑥（ルード）　　イ ②（色相の自然連鎖）　　ウ ⑪（黄）
　　　　エ ①（Natural harmony）　　オ ⑧（親近性）

【解説】配色する際、明るい色をより黄みの色相から選び、暗い色をより青紫みの色相から選ぶことによって、自然な調和を得ることができる。なぜならこのような配色は、自然光の下における、光と陰の部分での見かけ上の色相の変化と同様の法則に従った配色となるため、「親近性の原理」にもとづいており違和感がないからである。Natural harmonyは、見る人に自然な感じを与える色の組み合わせである。

第4章●第3問　　　　　　　　　　　　　　　　　　　　　　色彩調和の考え方

■解答　ア ⑬（1.5）　　イ ⑤（硬軟感）　　ウ ⑨（セパレーション）
　　　　エ ⑫（視認性）　　オ ②（交通標識）

【解説】明度差による配色のうち、明度類似系の配色では確かに色と色との境界が曖昧で、見分けにくいなどの欠点もあるが、配色する素材や表面感に変化をつけることで面白い効果を生み出す場合もある。この場合は、あえて「微妙な変化」をねらい、一見単色に見えるようなものに味わいのある変化を加えることができる。

第4章●第4問　　　　　　　　　　　　　　　　　　　　　　色彩調和の考え方

■解答　ア ①（対照）　　イ ③（トーン）　　ウ ⑧（中差）
　　　　エ ⑫（8～10）　　オ ⑬（刺激的）

第4章●第5問　　　　　　　　　　　　　　　　　　　　　　色彩調和の考え方

■解答　ア ②（色調）　　イ ④（明度）　　ウ ⑨（等色相断面）
　　　　エ ⑪（イメージのコントロール）　　オ ⑮（澄んだ）

【解説】配色をする上で、トーンを用いるとイメージをコントロールしやすいわけだが、各トーンがどのようなイメージを表すかをよく整理しておく必要がある。トーン分類とイメージ分類をあらかじめおこなって、目的とするイメージにはどのようなトーンを用いたらよいかを考えてみるとよい。

解答 解説

第4章●第6問　主な色彩調和論と調和の原則

■解答　ア ⑦（シュブルール）　イ ⑤（純色）　ウ ①（等価値系列）
　　　　エ ⑮（三属性）　オ ④（美度）

【解説】シュブルールの調和論では、「類似の調和」と「対照の調和」という分類で色彩調和を説明している。類似の調和とは、「同一色相で、トーンの違いをつけた配色」、「類似色相を使った類似のトーンによる配色」、「全体が一つの色相に支配された配色」であり、一方対照の調和とは、「同一色相を使い、対照的なトーンを使った配色」、「隣接もしくは類似色相を使い対照的なトーンを使った配色」、「補色色相を使い、対照的なトーンを使った対比的な配色」であるとする。

第4章●第7問　主な色彩調和論と調和の原則

■解答　ア ④（和音）　イ ⑫（補色）　ウ ⑨（色相）
　　　　エ ⑤（秩序性）　オ ③（時代性）

【解説】ジャッドは、色彩の調和に関する4つの原理を指摘した。①秩序性の原理－「等間隔性で成り立つ色空間から秩序のある、または単純な幾何学的関係によって選ばれた配色は調和する」②親近性の原理－「通常、見慣れた色の組み合わせはなじみやすい。たとえば自然界に見られる色の変化や有機的連鎖における配色は調和する」③共通性の原理－「構成された配色間に、ある種の共通性や類似性を持っている配色は調和する」④明白性の原理－「色が曖昧でなく安定して見える配色は調和する」

第4章●第8問　主な色彩調和論と調和の原則

■解答　ア ①（ムーンとスペンサー）　イ ⑥（調和領域と不調和領域）
　　　　ウ ⑧（第二の曖昧）　エ ⑫（美度）　オ ⑬（心理的効果）

第4章●第9問　色彩調和の考え方

■解答　ア ②　イ ①　ウ ②　エ ①　オ ①

第4章●第10問　色彩調和の考え方

■解答　ア ①　イ ①　ウ ②　エ ②　オ ①

解答解説

第4章●第11問 色彩調和の考え方

■解答　ア①　イ②　ウ②　エ①　オ①

第4章●第12問 主な色彩調和論と調和の原則

■解答　ア①　イ①　ウ②　エ②　オ①

【解説】ムーンとスペンサーは、色彩調和を数値的な関係、つまり定量的な関係としてとらえる研究をおこなった。色の三属性における分類だけでなく、面積の関係や美しさの度合いを数値で表す「美度」という考え方を提案した。

第4章●第13問 主な色彩調和論と調和の原則

■解答　ウ

第4章●第14問 主な色彩調和論と調和の原則

■解答　イ

第4章●第15問 色彩調和の考え方

■解答　ア①（明清色）　イ②（カラー）　ウ③（濁色）
　　　　エ①（補色色相配色）　オ②（Natural harmony）

第4章●第16問 色彩調和の考え方

■解答　ア①（セパレーション）　イ③（類似トーン配色）　ウ②（中差色相配色）
　　　　エ①（対照トーン配色）　オ①（彩度対照系の配色）

第4章●第17問 主な色彩調和論と調和の原則

■解答　ア①（対比）　イ②（親近性の原理）　ウ③（シュブルール）
　　　　エ①（マンセルシステム）　オ③（共通性の原理）

第4章●第18問 主な色彩調和論と調和の原則

■解答　ア②（ジャッド）　イ①（秩序性の原理）　ウ③（オストワルトの色立体）
　　　　エ③（カラーハーモニーマニュアル）　オ①（共通性の原理）

第4章●第19問 主な色彩調和論と調和の原則

■解答　ア②（等色相三角形）　イ③（黄）　ウ①（等白系列の調和）
　　　　エ③（等純系列の調和）　オ③（異色調和）

第4章●第20問　　　　　　　　　　　　　　　　　　　　色彩調和の考え方

■解答　ア ②（vv-G3とvv-B4）　　イ ③（pl-O1とdk-R3）
　　　　ウ ⑤（mg-G5とdp-B2）　　エ ①（dp-G5とdk-G3）
　　　　オ ④（vv-P2とmg-P2）

第4章●第21問　　　　　　　　　　　　　　　　　　　　色彩調和の考え方

■解答　ア ③（dp-R3とdp-O1）　　イ ⑤（lt-G1とdk-G3）
　　　　ウ ②（vv-B2とvv-R3）　　エ ④（dp-O3とdk-G3）
　　　　オ ①（pl-R1とWt(90)）

第4章●第22問　　　　　　　　　　　色彩調和の考え方／主な色彩調和論と調和の原則

■解答　ア ①（vd-G3とvd-B4）　　イ ③（vp-Y2とvp-B4）
　　　　ウ ④（vv-P4とvv-G1）　　エ ②（dp-Y2とvd-G1）
　　　　オ ⑤（vd-Y2とvv-G3）

第4章●第23問　　　　　　　　　　　　　　　　　　主な色彩調和論と調和の原則

■解答　ア ③（vd-O3とvd-G3）　　イ ①（pl-G1とdk-P4）
　　　　ウ ①（Bk(20)とvv-R3）　　エ ②（lt-G1とdp-G1）
　　　　オ ②（pl-R1とdk-R1）

第4章●第24問　　　　　　　　　　　色彩調和の考え方／主な色彩調和論と調和の原則

■解答　ア ①（vv-R3とvv-O3）　　イ ②（mG(50)とWt(95)）
　　　　ウ ②（mg-R3とdk-R3）　　エ ③（pl-G1とdk-P4）
　　　　オ ②（lt-G1とlt-Y2）

解答解説

第5章 光から生まれる色

第5章●第1問　　　　　　　　　　　　　　　　　　　　　　　　　　光とは

■解答　ア ②（電磁波）　イ ④（波）　ウ ⑧（380nm〜780nm）
　　　　エ ⑫（可視光線）　オ ⑬（赤外線）

【解説】可視光線の他にラジオやテレビの電波、赤外線、紫外線、X線、ガンマ線などの電磁波があり、私たちの身近で利用されている。

第5章●第2問　　　　　　　　　　　　　　　　　　　　　　　　　　光とは

■解答　ア ②（プリズム）　イ ⑥（分光）　ウ ⑧（単色光）
　　　　エ ⑩（長い）　オ ⑭（スペクトル）

【解説】太陽光をプリズムで分光する実験を初めて行ったのはニュートンであり、このことによって白い光である太陽光がさまざまな色の集まりであることが分かった。

第5章●第3問　　　　　　　　　　　　　　　　　　　　　　　　　　光とは

■解答　ア ①（吸収）　イ ⑤（透過）　ウ ⑧（中波長）
　　　　エ ⑩（反射物体）　オ ⑪（透過物体）

【解説】光は物体に当たって、反射するか、吸収するか、透過するかのいずれかの形をとる。私たちが色として感じている色は、光が物体に当たって一部吸収された残りの光が反射、または透過した色なのである。

第5章●第4問　　　　　　　　　　　　　　　　　　　　　　　　　　光とは

■解答　ア ①（反射）　イ ⑤（分光）　ウ ⑩（正反射）
　　　　エ ⑧（拡散反射）　オ ⑭（反射角）

【解説】入射角と反射角が等しい正反射（鏡面反射）の例は、鏡がピカリと光ることである。

第5章●第5問　　　　　　　　　　　　　　　　　　　　　　　　光が織りなす色彩現象

■解答　ア ③（短波長）　イ ⑤（散乱）　ウ ⑦（長く）
　　　　エ ⑩（赤く）　オ ⑭（レイリー散乱）

第5章●第6問　　　　　　　　　　　　　　　　　　　光が織りなす色彩現象

■解答　ア③（光環）　　イ④（回折）　　ウ⑨（波長）
　　　　エ⑪（青み）　　オ⑮（長波長）

【解説】回折は屈折と違い、光の回り込みが長波長ほど大きく、短波長ほど小さい。

第5章●第7問　　　　　　　　　　　　　　　　　　　　　　　　　　光源

■解答　ア③（色温度）　イ⑤（低い）　　ウ⑧（長波長）
　　　　エ④（高い）　　オ⑬（1920K）

【解説】光の色は光を発する物体の色温度によって表す。色温度が低いロウソク（1920K）や白熱電球（2800K）は赤みがかった色をしており、温度が上がるにしたがって、赤から黄、白へと変化する。7000Kを超えると青みを帯びた白色になる。

第5章●第8問　　　　　　　　　　　　　　　　　　　　　　　　　　光源

■解答　ア①（光）　イ⑥（光源）　　ウ⑨（自然光源）
　　　　エ⑩（人工光源）　　オ⑭（演色）

【解説】自然光源の唯一のものが太陽光であり、ほかの光源は人工光源。光源が変化した時に色が変化して見えるのは、比較的低彩度の色である。

第5章●第9問　　　　　　　　　　　　　　　　　　　　　　　　　　光源

■解答　ア③（熱放射）　イ⑤（放電）　　ウ⑨（高圧放電）
　　　　エ⑩（低圧放電）　　オ⑮（人工光源）

【解説】低圧ナトリウムランプは、589nmの単色光で、オレンジ色の光である。色を正しく見るためには不向きだが、経済的効率がよいのでトンネルや運動施設の照明として使われることが多い。

第5章●第10問　　　　　　　　　　　　　　　　　　光とは／光が織りなす色彩現象

■解答　ア①　イ②　ウ①　エ②　オ②

【解説】シャボン玉が虹色に見えるのは、一部の光が表面で反射した後、残りの光が膜内に入り、屈折した後反対側の面で反射することによって、同じ光の波の山と谷との位置関係がずれて、打ち消しあったり強めあったりして起こる現象による。この現象を「干渉」という。

第5章●第11問　　　　　　　　　　　　　　　　　光とは／光が織りなす色彩現象

■解答　ア②　イ①　ウ①　エ②　オ①

【解説】電磁波の波長とそれを散乱させる粒子の半径が同じ程度の大きさの時、ミー散乱がおこる。

第5章●第12問　　　　　　　　　　　　　　　　　　　　　　　　光とは

■解答　ア②　イ①　ウ①　エ①　オ②

【解説】拡散反射は乱反射と同義。不均一な面で起こるさまざまな方向に光が反射されることをいう。

第5章●第13問　　　　　　　　　　　　　　　　　　　光が織りなす色彩現象

■解答　ア①　イ②　ウ①　エ②　オ①

【解説】色温度は、光源の色みを表す尺度で、色を温度で表現しようとするもの。例えば、ある物体を熱すると温度の上昇につれて赤→黄→白→青白へと変化する。この変化と温度を結びつけたもの。
　　　〈例〉1920K－赤みがかった光（ロウソク）
　　　　　 5000K－白っぽい光（昼白色蛍光灯）
　　　　　 7000K－青みをおびた光

第5章●第14問　　　　　　　　　　　　　　　光とは／光が織りなす色彩現象／光源

■解答　ア①　イ②　ウ①　エ②　オ①

【解説】屈折・散乱は短波長の光ほど大きい。回折では長波長の光ほど回り込みが大きい。

第5章●第15問　　　　　　　　　　　　　　　　　光が織りなす色彩現象／光源

■解答　ア

【解説】月は自分で光を発しているわけではない。

第5章●第16問　　　　　　　　　　　　　　　　　光が織りなす色彩現象／光源

■解答　イ

【解説】大気圏内に入った太陽光は、散乱の程度により波長の成分が変わる。散乱の程度は粒子の大きさと波長の長短に関係し、粒子の大きさが波長より小さいときには短波長の光が多く散乱し、長波長の光の散乱は少ない。

解答解説

第5章●第17問　　　　　　　　　　　　　　　　　　　　　　　　光源
■解答　イ

第5章●第18問　　　　　　　　　　　　　　光が織りなす色彩現象／光源
■解答　ア②（光の干渉）　　イ②（光の屈折）　　ウ②（ミー散乱）
　　　　エ①（レイリー散乱）　　オ①（3000K）

【解説】虹は、空気中にある小さな水滴の中を光が通ることによって各波長成分に分光されるために見える現象である。

第5章●第19問　　　　　　　　　　光とは／光が織りなす色彩現象／光源
■解答　ア①（X線）　　イ①（熱放射）　　ウ②（色温度）
　　　　エ③（光の回折）　　オ③（自然光）

第5章●第20問　　　　　　　　　　光とは／光が織りなす色彩現象／光源
■解答　ア③（長波長の反射）　　イ②（スペクトル）　　ウ②（光の干渉）
　　　　エ②（乱反射）　　オ①（分光分布）

第5章●第21問　　　　　　　　　　光とは／光が織りなす色彩現象／光源
■解答　ア②（色の恒常性）　　イ①（鏡面反射）　　ウ③（ニュートン）
　　　　エ②（昼白）　　オ①（放電）

【解説】ルードは「ナチュラル・ハーモニー」という自然界にある調和を述べたアメリカの自然科学者。ゲーテは「調和は視覚的な均衡である」とし、残像による生理・心理的補色関係を調和の典型とみなした。光だけでなく、闇も実体であり、光そのものではなく光の作用を問うべきではないか、とニュートンを批判する立場をとった人物である。

第5章●第22問　　　　　　　　　　光とは／光が織りなす色彩現象／光源
■解答　ア②（熱放射とルミネセンス）　　イ③（LED）　　ウ①（黄色）
　　　　エ②（電球色）　　オ③（単波長）

【解説】光源のうち人工光は、フィラメントなどの物質を熱して光を発する熱放射と、それ以外のルミネセンスとに分類される。半導体物質に直接電圧をかけて発光する方法を電界発光といい、この原理を用いている例として発光ダイオードがある。市販されているLED電球の光色の色温度は、昼白色相当のものが5000K、電球色相当のものが2800Kである。

第6章 色が見える仕組み

第6章●第1問　　　　　　　　　　　　　　眼および脳の構造とその働き

■解答　ア⑦（網膜）　イ⑧（視細胞）　ウ⑥（視神経）
　　　　エ①（眼）　　オ⑩（視覚中枢）

【解説】眼は、光を色の情報として取り入れる器官であり、大きく分けると眼球と視神経に分けられる。さらに眼球は、その外側部分と内側部分とに分けられる。眼球の外側部分は3層の膜からできているが、もっとも外側に強膜と角膜があり、中間部には虹彩、毛様体、脈絡膜がある。もっとも内側の膜は網膜であり、この網膜上に黄斑や中心窩、盲点が存在している。このような膜の内部には水晶体、硝子体、眼房水があり、なかでも硝子体は、水晶体の後ろにあり眼球内物質の5分の3を占めている。網膜上には視神経細胞（視細胞ともいわれる）があって、可視光線のエネルギーを生体内で使える電気信号に変換する役割を持っている。視神経細胞で変換された電気信号が視神経を経て大脳に伝えられ、色として認識される。

第6章●第2問　　　　　　　　　　　　　　眼および脳の構造とその働き

■解答　ア⑩（盲点）　イ④（外側膝状体）　ウ⑬（左半球）
　　　　エ⑤（視覚野）　オ⑦（記憶）

【解説】変換された電気信号は、大脳に伝えられる。大脳の後頭葉にある視覚野で、色だけでなく形、運動などの情報と統合される。その際、記憶の情報も加わり、物体としての認識がなされる。
　赤い＋丸い形＋食べ物→りんご　というように認識する。

第6章●第3問　　　　　　　　　　　　　　色の見えを決める要因

■解答　ア⑬（背景色）　イ⑩（同時）　ウ⑤（継時）
　　　　エ①（明度）　　オ⑪（近づく）

第6章●第4問　　　　　　　　　　　　　　色の見えを決める要因

■解答　ア①（無彩色）　イ⑨（補色）　ウ⑧（黄と青）
　　　　エ④（1度以下）　オ⑥（テレビ）

【解説】視角1度（60分）は、30cmの距離から約0.5cmの大きさを観察する時のことである。

解答解説

第6章●第5問　　　　　　　　　　　　　　　　　　色の見えを決める要因

■解答　ア④（視認性）　　イ⑫（黄）　　ウ⑧（紫）
　　　　エ⑥（黒と黄）　　オ①（誘目性）

【解説】視認性は、目立ち具合を物理的な距離である視認距離で数値化できる。誘目性は、注意のひかれやすさや印象の強さを、心理的な心の変化で数値化したもの。この際の数値は距離ではなく、注意のひかれやすさのレベルを7段階に分けたものである。

第6章●第6問　　　　　　　　　　　　　　　　　　色の見えを決める要因

■解答　ア②（電気信号）　　イ⑪（杆状体）　　ウ⑤（錐状体）
　　　　エ⑮（分光感度）　　オ⑩（中心窩）

第6章●第7問　　　　　　　　　　　　　　　眼の変化による色覚の多様性

■解答　ア⑩（短波長）　　イ⑨（錐状体）　　ウ⑥（色光）
　　　　エ③（アノマロスコープ）　　オ⑫（明度）

第6章●第8問　　　　　　　　　　　　　　　　　　色の見えを決める要因

■解答　ア⑫（ヤング）　　イ③（ヘルムホルツ）
　　　　ウ⑦（赤、青、緑、黄）　　エ⑤（ヘリング）　　オ⑨（視細胞）

【解説】ヤング-ヘルムホルツ説では、各スペクトルに対して3種類の光受容器があると考えたが、この受容器がどのように興奮するかということを分光感度とよぶ。

第6章●第9問　　　　　　　　　　　　　　　眼および脳の構造とその働き

■解答　ア①　イ②　ウ②　エ①　オ②

【解説】眼に栄養を補給するのは脈絡膜で、毛様体は水晶体の厚さを調節している。眼房水は水晶体や角膜に栄養を補給し、代謝物を運び去る役割がある。

第6章●第10問　　　　　　　眼および脳の構造とその働き／色の見えを決める要因

■解答　ア①　イ②　ウ②　エ①　オ①

第6章●第11問　　　色の見えを決める要因／眼の変化による色覚の多様性

■解答　ア②　　イ①　　ウ①　　エ①　　オ②

【解説】暗いところから明るいところへ出た直後は、まぶしくてよく物が見えないが、これは杆状体から錐状体に役割が切りかわる際に生じる明順応という現象のためである。明順応に要する時間は暗順応に要する時間より短いので、すぐに慣れて物を見ることができる。

第6章●第12問　　　色の見えを決める要因

■解答　ア②　　イ②　　ウ②　　エ①　　オ②

【解説】小面積第三色覚異常は、誰でも経験することで、面積が小さいと色相区分が曖昧になり、正しい色知覚ができない。

第6章●第13問　　　色の見えを決める要因

■解答　ア①　　イ②　　ウ②　　エ②　　オ②

第6章●第14問　　　色の見えを決める要因

■解答　ア①　　イ①　　ウ①　　エ①　　オ①

【解説】人間の眼の中に、スペクトルを処理する多くの光受容器があると考えたのは、ニュートンである。

第6章●第15問　　　色の見えを決める要因

■解答　ア①　　イ②　　ウ①　　エ①　　オ①

【解説】視認性、誘目性の高い色の組み合わせはよく覚えておこう。

第6章●第16問　　　眼および脳の構造とその働き

■解答　ウ

【解説】虹彩は、平滑筋の伸縮によって瞳孔の大きさを変化させ、眼球内に入る光の量を調節する。

第6章●第17問　　　眼および脳の構造とその働き／眼の変化による色覚の多様性

■解答　イ

【解説】網膜の中心にある中心窩には、錐状体が集まっているので最も視覚が敏感な部分である。

解答・解説

第6章●第18問　　　　　　　　　　　　　　　眼および脳の構造とその働き
■解答　ア

第6章●第19問　　　　　　　　　　　　　　　色の見えを決める要因
■解答　ア

【解説】赤い網に入れられたミカンのオレンジが網の色の赤に近づいて見えるため、おいしそうに見える。

第6章●第20問　　　　　　　　　　　　　　　眼の変化による色覚の多様性
■解答　イ

【解説】色覚異常を念頭においてカラーコーディネーションをする際は、明度差をつけたり形に変化をつけるなどする必要がある。

第6章●第21問　　　　　　　眼および脳の構造とその働き／眼の変化による色覚の多様性
■解答　ア②（水晶体）　　イ①（視神経乳頭）
　　　　ウ②（先天性色覚異常）　エ③（網膜）　　オ②（錐状体）
　　　　カ①（杆状体）　　キ③（中心窩）

第6章●第22問　　　　　　　　　　　　　　　色の見えを決める要因
■解答　ア③（色の対比）　　イ②（プルキニエ現象）
　　　　ウ①（残像現象）　　エ②（キルシュマン）
　　　　オ②（色の恒常性）

【解説】キルシュマンの法則では、面積や色相差、明度差などについての対比が述べられている。

第6章●第23問　　　　　　　　　　　　　　　色の見えを決める要因
■解答　ア②（視角）　　イ③（誘目性）
　　　　ウ①（ネオンカラー効果）　　エ③（補色）
　　　　オ①（ヘリングの反対色説）

第6章●第24問　　　　　　　　　　　　　　　色の見えを決める要因
■解答　ア①　イ②　ウ②　エ①　オ②

【解説】[　イ　]は色相対比（色陰現象）のこと。
　　　　[　ウ　]では図色aの方が鮮やかに見える。
　　　　[　エ　]は明度対比のこと。

173

第7章 色の測定

第7章●第1問　　　　　　　　　　　　　　　　　　　　色の測定の種類

■解答　ア②（物理測色）　　イ⑤（視感測色）　　ウ⑦（刺激値直読）
　　　　エ⑫（分光測色）　　オ⑬（XYZ）

第7章●第2問　　　　　　　　　　　　　　　　　　　　色の測定の種類

■解答　ア⑬（刺激値直読方法）　　イ⑦（眼で見る）　　ウ④（大きめ）
　　　　エ⑩（彩度）　　オ②（高く）

【解説】視角（物の大きさを網膜上に映し出された角度で表したもの）の大きさによって、色の見えが変化する現象を色の面積効果という。

第7章●第3問　　　　　　　　　　　　　　　　　　　三原色を使った色表示

■解答　ア③（三刺激値）　　イ⑥（色度座標）　　ウ⑨（明るさ）
　　　　エ⑭（偏差）　　オ⑪（$L^*a^*b^*$）

【解説】L^*（エルスター）は明るさ、a^*、b^*（エースター、ビースター）は色相と彩度を示す色度である。

第7章●第4問　　　　　　　　　　　　　　　　　　　　色の測定の種類

■解答　ア③（反射）　　イ④（光電色彩計）　　ウ⑧（三刺激値）
　　　　エ⑫（標準イルミナント）　　オ⑭（分光測色方法）

【解説】正しい測定値を得るために、照明光と受光部の位置関係を工夫しなくてはならない。物体からの反射光が受光器に入ってしまうと、正しい値がもとめられないからである。色を測定する際には、内部を均一な白色で塗り光を均一に混ぜる「積分球」という装置を用いる。また、「光トラップ」を積分球の外部に設け、正反射成分を除去することも可能な機構が設けられている。

第7章●第5問　　　　　　　　　　　　　　　　　　　　色の測定の種類

■解答　ア②（視感比色方法）　イ④（光源）　ウ⑨（表面）
　　　　エ⑪（無彩色）　オ⑬（面）

【解説】三刺激値をもとめるための等色関数2度視野と10度視野が用意されているので、その条件に合わせて比色した結果は、整合性が得られる。「2度視野」は、視距離30cmで試料寸法が1cm以内、「10度視野」は、視距離30cmで試料寸法が1cm以上の時の見えである。

第7章●第6問　　　　　　　　　　　　　　　　　　　三原色を使った色表示

■解答　ア②（xy色度図）　イ④（色相環）　ウ⑨（$L^*a^*b^*$）
　　　　エ⑫（同心円）　オ⑭（色差）

第7章●第7問　　　　　　　　　　　　　　　　　　　三原色を使った色表示

■解答　ア②（三原色）　イ⑥（R、G、B）　ウ⑨（長波長域）
　　　　エ⑪（G）　オ⑮（B）

第7章●第8問　　　　　　　　　　　　　　　　　　　色の測定の種類

■解答　ア①　イ②　ウ②　エ①　オ②

【解説】測色の方法には、分光測色方法・刺激値直読方法・視感比色方法がある。

第7章●第9問　　　　　　　　　　　　　　　　　　　色の測定の種類

■解答　ア①　イ①　ウ①　エ②　オ②

【解説】人の目によって比色を行う際は、観察者は数分間その照明下で作業面の補色ではなく、無彩色に目を慣らしてから始める。照明の照度は1,000lx以上が望ましい。

第7章●第10問　　　　　　　　　　　　　　　　　　色の測定の種類

■解答　ア②　イ②　ウ②　エ①　オ①

【解説】三刺激値とは、3つの仮想の原色の値で、ある色を表した時の計算値である。1つの色を表すのに、3要素による測定値X、Y、Zを連記する。

解答解説

第7章●第11問　　　　　　　　　　　　　　　三原色を使った色表示

■解答　ア①　イ②　ウ①　エ②　オ②

【解説】偏差楕円を分布表現した色度図に表したのは、アメリカの理学者マクアダムである。

第7章●第12問　　　　　　　　　　　　　　　色の測定の種類

■解答　ア

第7章●第13問　　　　　　　　　　　　　　　色の測定の種類

■解答　イ

【解説】分光器と測光器を組み込んだ光学器械は、分光測光器といい、光の波長ごとの強弱が測定できる。照度計は照度を計測する器械で、照度とは、光が当たった側の明るさのことをいう。

第7章●第14問　　　　　　　　　　　　　　　三原色を使った色表示

■解答　ウ

【解説】C、M、Yは色料の三原色、シアン・マゼンタ・イエローのこと。

第7章●第15問　　　　　　　色の測定の種類／三原色を使った色表示

■解答　ア①（分光測色方法）　　イ②（分光分布曲線）
　　　　ウ②（常用光源蛍光ランプD65）　　エ③（5R）
　　　　オ①（$L^*a^*b^*$表色系）

【解説】分光分布曲線を見ることによって、その色相の傾向だけでなく、明度、彩度も知ることができるので大まかな特徴をとらえておく必要がある。

第8章　混色と色再現

第8章●第1問　　　　　　　　　　　　　　　　　　　　　　　混色の原理

■解答　ア⑪（緑）　　イ⑩（三原色）　　ウ⑬（中間混色）
　　　　エ⑮（併置混色）　　オ⑫（シアン・マゼンタ・イエロー）

【解説】併置混色の代表例がスーラの点描画である。小さな色点を無数に配することにより、離れて見るとそれらが混色して見える。加法混色の一種だが、面積が関係してもとの明るさの平均になることから中間混色と呼ばれる。

第8章●第2問　　　　　　　　　　　　　　　　　　　　　　　混色の原理

■解答　ア⑭（色光）　　イ②（色材）　　ウ⑫（R、G、B）
　　　　エ⑩（減法混色）　　オ⑪（回転混色）

【解説】オストワルトは、純色と白、黒の回転混色による面積比色をつくり、それと等色のものを色票化した。

第8章●第3問　　　　　　　　　　　　　　　　　　　　　　　混色の原理

■解答　ア⑤（白）　　イ⑭（単一色光）　　ウ⑧（エネルギー）
　　　　エ④（シアン）　　オ⑦（マゼンタ）

第8章●第4問　　　　　　　　　　　　　　　　　　　　　　色再現の方法

■解答　ア③（テレビ）　　イ⑦（写真）　　ウ⑪（人間の眼）
　　　　エ①（測色値）　　オ⑮（好ましい）

【解説】印刷は、紙に乗せるインキの量（網点面積率）を変えてさまざまな色を作り出す。インキが重なる部分では色料の混色である減法混色、重ならない部分では併置混色（中間混色）が起こっている。

第8章●第5問　　　　　　　　　　　　　　　　　　　混色の原理／色再現の方法

■解答　ア②　　イ①　　ウ①　　エ②　　オ①

【解説】テレビの場合、光の三原色R・G・Bの小さな光の点を並べて、さまざまな色を作り出しているので中間混色（併置混色）である。光を重ねて混色しているわけではなく、それぞれの発光強度を変えて色を作り出している。

解答解説

第8章 ● 第6問　　　　　混色の原理／色再現の方法

■解答　ア①　イ①　ウ②　エ①　オ②

【解説】印刷では、シアン・マゼンタ・イエロー・ブラックインキによる減法混色と併置混色がおこっている。

第8章 ● 第7問　　　　　混色の原理／色再現の方法

■解答　ア

第8章 ● 第8問　　　　　混色の原理

■解答　ウ

【解説】中間混色の中で、回転混色を継時中間混色、併置混色を併置中間混色という。

第8章 ● 第9問　　　　　混色の原理／色再現の方法

■解答　ア②（中間混色）　イ②（併置混色）　ウ③（減法混色）
　　　　エ③（黒）　オ②（条件等色）

【解説】条件等色をメタメリズムともいう。視感測色による調色は、三刺激値が合致しているだけで分光分布が一致しているとは限らないので、光源が異なると色が違って見えるケースがある。しかし、ある条件下では、三刺激値の一致により、同じ色に見える場合があり、このことを「条件等色」という。

第8章 ● 第10問　　　　　混色の原理／色再現の方法

■解答　ア③（色再現域）　イ①（補色）　ウ①（併置混色）
　　　　エ③（印刷）　オ②（網点面積率）

【解説】色度図上で、白色点を通る直線を引き、その両端の色を混色すると白色になる色同士の関係を補色というが、これは加法混色におけることである。

第8章 ● 第11問　　　　　混色の原理／色再現の方法

■解答　ア②（白い光）　イ①（赤、青、緑）　ウ③（青）
　　　　エ②（好ましい色）　オ①（発光強度）

第9章 色と文化

第9章●第1問
日本の色彩文化

■解答 ア⑨（白）　イ②（顔料）　ウ⑥（藤黄）
　　　エ③（染料）　オ⑫（素材の色）

【解説】染料は水、油に溶ける性質を持ち、顔料は不溶性の性質を持つ。

第9章●第2問
日本の色彩文化

■解答 ア④（暈繝）　イ⑧（明暗）　ウ⑪（白）
　　　エ⑦（色目）　オ⑬（深緋）

【解説】「深緋」は染色固有の技術的特色をそのまま示した色名で、色の濃さを指示するものである。「緋」は火の色に通ずるという考え方があり、現在では黄みの鮮やかな赤というようになっている。その濃い方が「深緋」である。

第9章●第3問
日本の色彩文化

■解答 ア①（冠位十二階）　イ⑥（五行説）　ウ⑨（紫）
　　　エ⑪（当色）　オ⑩（禁色）

【解説】当色の制度では、自分の身分にあたる色以外に官位の下の色の着用が可能だったので、身分が高い者ほど広く色が使えた。

第9章●第4問
日本の色彩文化

■解答 ア③（甲冑）　イ⑦（匂い）　ウ⑧（裾濃）
　　　エ⑪（吉祥性）　オ⑮（檜皮色）

第9章●第5問
日本の色彩文化

■解答 ア②（奢侈禁止令）　イ⑥（偽紫）　ウ⑨（鼠）
　　　エ⑩（路考茶）　オ⑮（納戸色）

【解説】納戸色や鬱金色など、代表的な伝統色に関しては、テキストのJIS慣用色名表などで系統色名との関係も確認しておく必要がある。

解答解説

第9章●第6問　　絵画における色彩調和のとらえ方

■解答　ア①(スペクトル)　　イ⑤(色彩論)　　ウ⑧(ゴブラン織)
　　　　エ⑩(色の同時対比の法則)　　オ⑭(ドラクロア)

【解説】シュブルールは「色彩調和と同時対比の法則」に関する著作の中で、類似・対象の調和について述べている。ゲーテは「色彩環」を想定し、色彩環の直径関係にある2色を補色と想定した。この補色の対立した関係は安定した関係とし、色彩環で隣接する色相の間には、不安定な緊張関係があると指摘した。これらの研究は、画家たちに色相間にある対比による豊かな配色を提示することになった。

第9章●第7問　　絵画における色彩調和のとらえ方

■解答　ア②(描写価値)　　イ④(独自価値)　　ウ⑥(象徴的価値)
　　　　エ⑩(カラーオーダシステム)　　オ⑭(原色)

第9章●第8問　　絵画における色彩調和のとらえ方

■解答　ア②(印象主義)　　イ④(モネ)　　ウ⑧(現象色)
　　　　エ⑫(明るさ)　　オ⑬(点描)

【解説】印象主義の画家たちは、絵の具(色料)を混合することによっておこる減法混色で、明るさが失われるのを嫌った。

第9章●第9問　　現代の日本における商品色彩の変遷

■解答　ア③(シャーベットトーン)　　イ⑤(日本流行色協会)　　ウ⑦(原色)
　　　　エ⑪(インテリアファブリックス)　　オ⑬(イエロー)

【解説】シャーベットトーンは、冷菓のシャーベットを思わせるライトカラー系の色を指す。1967年、メンズファッション界での「ピーコック革命」、レディースファッション界でのミニスカートの大流行とモンドリアンの原色調の幾何学模様、ポップ調の色づかいである「サイケデリックカラー」と、色彩の彩度、配色のコントラストが強い色調が60年代後半の特徴であった。シャーベットトーンから原色調の流行の背景には、当時の高揚する経済状況や生活者の積極的な所有・消費欲求があったといえる。

第9章●第10問
現代の日本における商品色彩の変遷

■解答　ア③（アースカラー）　イ⑤（ベージュ）　ウ⑪（自然志向）
　　　　エ⑨（生活者主導型）　オ⑬（濁色）

【解説】濁色は中間色ともいい、純色にグレーを混ぜた落ち着いた地味な感じの色である。

第9章●第11問
日本の色彩文化

■解答　ア②　イ①　ウ①　エ②　オ①

【解説】五行説によって定められている五色は、青・赤・黄・白・黒である。

第9章●第12問
日本の色彩文化

■解答　ア②　イ②　ウ②　エ①　オ①

第9章●第13問
日本の色彩文化

■解答　ア②　イ①　ウ②　エ①　オ①

【解説】照柿色（てりがきいろ）は華やかな赤のこと。柿色は柿の実から出た渋によって染められる茶色。丈夫で実用的な染め色であったが、山伏や遊行僧が着た一般の世間からはみ出した者をしるしづけた色でもあった。

第9章●第14問
日本の色彩文化

■解答　ア①　イ①　ウ②　エ①　オ①

第9章●第15問
絵画における色彩調和のとらえ方

■解答　イ

【解説】画家たちが、探求してきた色彩の独自価値に向けられた研究のことを「芸術的色彩論」という。色彩の独自価値とは、色彩そのものが生み出す力や効果のことである。

第9章●第16問　　　　　　　　　　　　　　　　絵画における色彩調和のとらえ方

■解答　ア

【解説】印象派の画家たちは、陰影をも色彩の出来事と見なし、物体の属性としての「固有色」よりも変化し続ける「現象色」に、すべての色を置き換えることを重視した。モネは水面のような色彩の「ゆらめき」を追求した。

第9章●第17問　　　　　　　　　　　　　　　　　　　　　　日本の色彩文化

■解答　ア③（色目）　　イ①（赤色系）　　ウ③（植物性色料）
　　　　エ③（若楓）　　オ②（聴色）

【解説】「色目」は衣服の配色のこと。自然の風物をとりいれた配色で、季節の植物などの名称で表された。「匂い」は衣服の配色手法のひとつで、今でいうとグラデーションのこと。

第9章●第18問　　　　　　　　　　　　　　　　　　　　　　日本の色彩文化

■解答　ア③（南蛮文化）　　イ②（柿色）　　ウ③（重厚な色）
　　　　エ①（色彩科学）　　オ①（新橋色）

【解説】明治・大正時代から着物の色は地味な茶・紺から合成染料による派手な感じに変わってきた。新橋色はその一例である。

第9章●第19問　　　　　　　　　　　　　　　　　　　　　　日本の色彩文化

■解答　ア②（自然主義）　　イ①（ゲーテの色彩調和論）
　　　　ウ③（カラーオーダシステム）　　エ②（原色）
　　　　オ③（スーラ作「アニエールの水浴」）

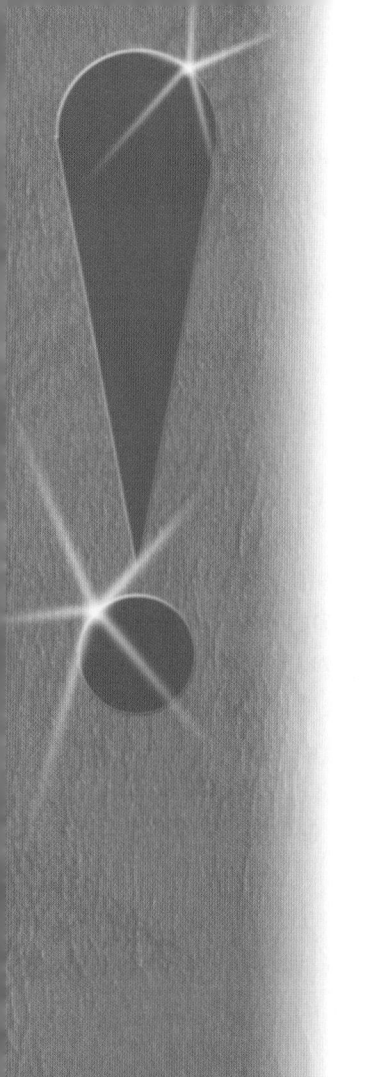

模擬試験

第1問 [1点×5=5点]

次の文中に入る語句を語群の中から選んで解答欄に記入しなさい。

色は人間にさまざまな心理的効果を与える。たとえばピカソの描いた「人生」は全体的に青の色彩で統一され、見る者に希望と絶望の間でうちひしがれた物悲しい気持ちを抱かせる。青という色に対する象徴語には[ア]などがあり、人間の感性に直接的に働きかけるのである。

また、心理学では[イ]というある感覚器官に与えられた刺激によってもたらされる特有の反応のほかに、それ以外の系統の感覚器官にも感性的反応を引き起こす現象がある。音を聞いて色を感じる[ウ]という現象などが一例で、フルートの音を聞いてパステル調の色の感覚を呼び起こしたり、空色を感じたりするのである。

ほかに、[エ]という異なった感覚器官から生じる印象同士が、近似的に共通性を持つものがある。青の色感覚が、水の色と似ていることで冷たさという皮膚感覚と連動する場合などがこれに当たる。このように色の心理的効果の多くは、この[エ]によるものと考えられる。例えば、軽・重感は筋肉組織の受容器がもたらす感覚で、硬・軟感は触覚に伴う感覚である。しかし、多くの場合は、そのような感覚を引き起こす状況には[オ]も関わっており、色のもつ心理的効果は、[オ]がもたらす色感覚と、他の感覚の[エ]によるところが大きいのである。

〔語群〕

① 明朗・快活・若さ　② あでやかさ・神秘・崇高　③ 冷たい・悲しみ・不安
④ 共感覚　　　　　　⑤ 反作用　　　　　　　　　⑥ 軽重感
⑦ 感色　　　　　　　⑧ 色聴　　　　　　　　　　⑨ 聴感覚
⑩ 運動性　　　　　　⑪ 象徴性　　　　　　　　　⑫ 共様性
⑬ 嗅覚　　　　　　　⑭ 味覚　　　　　　　　　　⑮ 視覚

184

第2問 [1点×5=5点]

次の文中に入る語句を語群の中から選んで解答欄に記入しなさい。

主要原色を赤、黄、緑、青としている表色系には[ア]と[イ]がある。[ア]では、この4色とその心理補色である青緑、青紫、赤紫、[ウ]をそれぞれの対向位置に配置し、さらに中間の色相を補間した24色の色相環で表される。[イ]では、主要4原色に白、黒を加えて6主要原色としている。[イ]で「あさぎいろ」を表示すると「2060-B10G」になり、青みは[エ]％ということになり、[オ]に言い換えると「あざやかな緑みの青」になる。

〔語群〕

① マンセル表色系　② PCCS　③ $L^*a^*b^*$表色系
④ CCIC　⑤ NCS　⑥ XYZ表色系
⑦ 赤みの黄　⑧ 黄みのだいだい　⑨ 黄みの赤
⑩ 90　⑪ 10　⑫ 60
⑬ 慣用色名　⑭ 伝統色名　⑮ 系統色名

第3問［1点×5=5点］

次の文中に入る語句を語群の中から選んで解答欄に記入しなさい。

私たちが物同士の境界を見分けるときは、多くは光と影によって生じる明暗、つまり明度の違いによって見分けている。明度の関係は配色に使う［　ア　］に深く関与している。

明度差が小さい配色は［　イ　］が低いが、心理的効果としての［　ウ　］などを表すことができる。

この場合、素材や表面感を変えて、微妙な色の変化を楽しむことができる。また、色同士の境目が曖昧になるので、色の境界に［　エ　］を挟み込み、色の判別をしやすくすることもある。

明度差が大きい配色は、視認性が高くなり、明快で強い配色効果が得られる。これを利用して交通標識や［　オ　］に使用されている。

〔語群〕

① 色の好き・嫌い　② 色の統一感　③ 色の見分け
④ 明瞭性　⑤ 利便性　⑥ イメージ
⑦ 軽重感　⑧ 地味・派手感　⑨ 寒暖感
⑩ 明度類似系色相　⑪ 明度差のある無彩色　⑫ 明度差の小さい有彩色
⑬ ベビー用品　⑭ スポーツ用品　⑮ 介護用品

第4問 [1点×5=5点]

次の文中に入る語句を語群の中から選んで解答欄に記入しなさい。

印刷インキは色素の粒である顔料が[ア]の中に分散されている物質である。インキによる印刷面に当たった光の一部はその表面で[イ]され、一部はインキの内部に潜り込む。このインキ層の内部に入る際に、光が[ウ]して光の方向が変わる。黄色インキの場合は、この顔料の内部に入った光の短波長の成分が黄色の顔料で[エ]され、その顔料から出た光が別の顔料の表面やインキの裏側にある紙の表面で[イ]されてインキ層の外に出てくる。この[イ]と[エ]が繰り返し行われることによって、インキの黄色が知覚できるのである。黄色インキの[オ]を見てみると、中波長から長波長の光の[イ]ということができる。

〔語群〕

① 乳化剤　　② 溶解剤　　③ 展色材
④ 散乱　　　⑤ 屈折　　　⑥ 干渉
⑦ 回折　　　⑧ 反射　　　⑨ 分光
⑩ 位相　　　⑪ 吸収　　　⑫ 透過
⑬ 分光透過率　⑭ 分光反射率　⑮ 分光吸収率

第5問 [1点×5=5点]

次の文中に入る語句を語群の中から選んで解答欄に記入しなさい。

色は[ア]の興奮が伝達されて脳で認識されるが、この過程を以下の2つの段階に分けることができる。[イ]は、眼に入る刺激が単純で脳内の情報をあまり利用することなく、[ア]の興奮やそれ以降の色情報の伝達段階によって決められる意識の段階である。それに対して[ウ]は、脳内にある[エ]の情報と結合して決められる意識の段階である。

色の見えを[イ]として体験することは、色紙に小さな穴を空け、その穴からその物の色だけが分かる状態にしたときにできる。何色かは分かるが、その形や何であるかは分からない。それが何であるか、という[ウ]はさまざまな情報が統合されることによってできるもので、脳内の[オ]というところで行われている。

〔語群〕

① 錐状体　　② 杆状体　　③ 水晶体
④ 色覚　　　⑤ 視覚　　　⑥ 感覚
⑦ 刺激　　　⑧ 知覚　　　⑨ 認識
⑩ 意識　　　⑪ 記憶　　　⑫ 観念
⑬ 外側膝状体　⑭ 網膜　　　⑮ 視覚野

第6問 [1点×5=5点]

次の文中に入る語句を語群の中から選んで解答欄に記入しなさい。

分光分布曲線と色の三属性の関係を見てみると、色相（H　ヒュー）、明度（V　バリュー）、彩度（C　クロマ）別の傾向が分かる。
マンセル色相5Rの高彩度色は、[　ア　]の範囲が強く反射し、5Gの高彩度色は中波長のみが強く反射している。マンセル明度が高いと強く反射し、低いと反射が弱い。分光分布曲線で見ると、明度の数値が上がるほど曲線の山が[　イ　]なる。このように明度は波長全域にわたる反射の強弱で定まる。
高彩度色が、中波長と長波長域の両方に高い反射率を示す色相は[　ウ　]である。
彩度の傾向としては、彩度が高いほど、曲線の[　エ　]が大きくなる。彩度の高低は分光分布曲線の高い部分と低い部分の比によって決まり、比が小さいほど彩度は[　オ　]になる。

〔語群〕

① 短波長　　　② 中波長　　　③ 長波長
④ 高く　　　　⑤ 低く　　　　⑥ 平らに
⑦ 5Y　　　　 ⑧ 5G　　　　　⑨ 5B
⑩ 5R　　　　 ⑪ 5P　　　　　⑫ 5RP
⑬ 大きさ　　　⑭ 幅　　　　　⑮ 起伏

第**7**問［1点×5=5点］

次の文中に入る語句を語群の中から選んで解答欄に記入しなさい。

色の測定方法の中で、直接色を測定する方法に刺激値直読方法があるが、この方法では［　ア　］という装置を用いて三刺激値を求めることができる。
［　ア　］は三刺激値を直接求めるために、試料を照明する［　イ　］、光を受け取る受光器の特性を［　ウ　］と一致させる必要がある。そのためにまず、試料を［　エ　］に換えて白の値を測定し、実際の光源と［　イ　］の違いを補正する。また、受光器の特性を［　ウ　］と合わせるために［　オ　］を使い、分光測色方法でもとめた三刺激値と一致させるようにする。

〔語群〕

① 第一種分光測光器　　② 光電色彩計　　　③ 色差計
④ 測色イルミナント　　⑤ 標準光源　　　　⑥ 常用光源
⑦ 演色評価指数　　　　⑧ 等色関数　　　　⑨ 色み指数
⑩ 標準白色板　　　　　⑪ 拡散板　　　　　⑫ 遮光板
⑬ マスク　　　　　　　⑭ ファイバ　　　　⑮ フィルタ

第8問［1点×5=5点］

次の文中に入る語句を語群の中から選んで解答欄に記入しなさい。

1980年代は、白、黒といったニュートラルカラー（無彩色）や、ピンク、ライトグリーンといった明清色である［　ア　］が人気を集めるようになる。服飾分野では、「ニュートラ」、「ハマトラ」と言われた流行のスタイルに［　ア　］と白のコーディネートが人気を呼び、それはインテリア商品や調理家電品にも広がった。このようなさわやかな印象の色への関心が高まった反面、［　イ　］な色彩志向もこの時代の特徴で、ウォークマンやCDオーディオ、コンピュータなどの電子技術の発達によるハイテク志向の風潮も大きく影響している。1985年に筑波科学万博に象徴されるような、シャープで軽快な［　ウ　］の強い時代であった。婦人服ではほかに、［　エ　］色の大流行があった。1982年にファッションデザイナーの川久保玲らが発表した［　エ　］という色は、流行に敏感な若者層にいち早く受け入れられ、その後幅広い分野にわたる流行色となった。

80年代中期は、60年代から70年代を経て、耐久消費財や身の回り品などを充分に持ち、さまざまな色彩を経た後の成熟社会ならではの個性のある美意識を象徴した［　オ　］という風潮が生まれた。

〔語群〕

① アースカラー　　② サイケデリックカラー　　③ パステルカラー
④ 無機的でクール　⑤ 原色調でサイケデリック　⑥ 自然志向で落ち着いた
⑦ 現実志向　　　　⑧ 未来志向　　　　　　　　⑨ 伝統志向
⑩ 灰　　　　　　　⑪ 紺　　　　　　　　　　　⑫ 黒
⑬ シンプル・イズ・ベスト　⑭ 自然回帰　　　　　⑮ 生活者主導型

第9問 [1点×5=5点]

次の文中に入る語句を語群の中から選んで解答欄に記入しなさい。

時　代	特徴とする総合芸術とその例	説　明
平　安	宮廷の[　ア　]、文学的造形美観	和風文化と和風装飾美形成
室　町	刀剣芸術、[　イ　]	[　ウ　]精神による精神美
江　戸	[　エ　]芸術、社会の開放への兆し	[　オ　]色彩気質と変種美の追求

〔語群〕

① 宮殿美　　② 衣服美　　③ 甲冑美
④ 能と水墨画　⑤ 茶の湯と障壁画　⑥ 仏教と曼荼羅
⑦ 武士道　　⑧ 南蛮化　　⑨ 禅的
⑩ 歌舞伎　　⑪ 茶道　　⑫ 密教
⑬ 大名　　⑭ 町人　　⑮ 文人

第10問 [1点×5=5点]

次の文中に入る語句を語群の中から選んで解答欄に記入しなさい。

色の三属性のうち、明度と彩度を合わせた概念「トーン」は、日本語では[**ア**]と言われる。これは、色立体の[**イ**]を適当な領域に区分けした場合の概念であるが、これを配色に用いることによって配色のイメージをコントロールすることができる。若々しくて清楚な配色にしたい場合は、純色に白のみを加えた[**ウ**]であるCCICでいえばltトーンやplトーンを使用するとよい。また、重厚感のある配色にしたい場合は、純色に黒のみを加えた[**エ**]のdkトーンを使用するとよい。そして、純色に灰色を加えた系列を[**オ**]という。

〔語群〕

① 色相　　　　　② 色覚　　　　　③ 色調
④ 等色相面　　　⑤ 等明度面　　　⑥ 等彩度面
⑦ 等白色系列　　⑧ 等黒色系列　　⑨ 暗清色
⑩ 明清色　　　　⑪ 暗濁色　　　　⑫ 明濁色
⑬ 濁色　　　　　⑭ 中性色　　　　⑮ 曖昧色

第11問 [1点×5=5点]

次の文章のうち、正しい記述には①、誤った記述には②をそれぞれ解答欄に記入しなさい。

[　ア　] 1960年代後半、アメリカの若者たちの間で流行した放浪的原始生活を志向するテイストを持った人たちのファッションで、インディアンルック、ジプシールック、フォークロアルック、ジーンズなどに代表されるものを「ヒッピールック」という。

[　イ　] 1950年代、アメリカ映画「初恋」から、主人公が着用したドレスの色が流行した。このように映画から影響を受けた流行を「シネモード」というが、ここから生まれた流行色の一つに「アースカラー」がある。

[　ウ　] 1990年代は、好景気から極端な不景気へと経済の大きな変動の時代であった。色彩の動きとしては、バブル期を代表するダークカラー、エコロジー意識を象徴するベージュが挙げられる。現在はそれらの色彩が混交しながらも80年代をほうふつとさせるような明清色系時代への過渡期の様相を呈している。

[　エ　] 1970年代中期以降、流行した「エコロジーカラー」は、60年代後半におこったオイルショックや公害から人々が自然の大切さを意識するようになった自然志向の色として、衣料、インテリア、乗用車、家電製品などに使用された。

[　オ　] 1950年代に入ると、テレビ放送の開始により、マスコミュニケーションの発達がその後の色の普及に大きな影響を与えることとなる。マスコミによる流行の発信を「ピーコック革命」という。

第12問 [1点×5=5点]

次の文章のうち、正しい記述には①、誤った記述には②をそれぞれ解答欄に記入しなさい。

[ア] フランス・シャルトル大聖堂内陣周廊部のステンドグラスの聖母子像では、聖母マリアの周囲が非現実な赤であるように、ここでは色彩のもつ「独自価値」よりも「描写価値」が優勢を占めている。

[イ] わが国の奈良県高松塚古墳に描かれている青龍、白虎、玄武は、私たちが青春、朱夏、白秋、玄冬という言葉を使っているように、色彩が方位や四季、人生、宇宙、教義などを示唆する深い意味や力である「象徴性」に結び付けているものである。

[ウ] 物のもつ本来の色彩を再現する「固有色」は、色彩における独自価値を重視する上では不可欠である。

[エ] ターナーやドラクロアなどの画家が、再現的描写の伝統から離れて自由に色彩を用いる制作のよりどころとなったのは、ゲーテの「色彩論」やシュブルールの著作などである。

[オ] 色の見え方として、物体の表面と感じられる堅い色のことを「面色」という。

第13問［1点×5=5点］

次の文章のうち、正しい記述には①、誤った記述には②をそれぞれ解答欄に記入しなさい。

[　ア　]加法混色で、RとGを同じ割合で混ぜるとBになる。

[　イ　]「すべての色はRGBの光の混色量を三連記すれば表示できる」という考え方がもとになっている表色系はXYZ表色系である。

[　ウ　]$L^*a^*b^*$表色系のL^*は明るさ、a^*とb^*はそれぞれマンセル表色系でいう色相・彩度にあたる概念に対応している。

[　エ　]JISにより、測色学的な視点から均等空間が得られるように修正を施されたのが、修正マンセル表色系である。

[　オ　]製品の色を作る時、ある目的とする色見本があり、その色見本の色とできあがった色が同じかどうか評価する際は、XYZ表色系を使用するのが合理的である。

第14問［1点×5=5点］

次の文章のうち、正しい記述には①、誤った記述には②をそれぞれ解答欄に記入しなさい。

［　ア　］分光測光器には第一種と第二種があるが、この違いは測定の精度の違いで、波長の測定間隔が細かいものの方が精度が高い。したがって第一種の方が高精度である。

［　イ　］三刺激値X、Y、Zの原色は、実在しない色、色彩学で採用している仮想の色で、抽象的な色空間の中の色である。Xはおおむね赤に関連した量、Yはおおむね緑、Zはおおむね青に関連した量と考えてよい。

［　ウ　］視感比色方法で色を判断する場合の照明光は、点光源的な照明で明るさは4000lx以上が望ましく、照度は高ければ高いほどよい。

［　エ　］視感比色方法の場合、試料は横に並べても縦に並べてもよいが、境界線の幅は視覚1分に保ち、なるべく比べる色同士が近接している方がよい。

［　オ　］刺激値直読方法は、光電色彩計で色を直接測定する方法で、三刺激値X、Y、Zをそれぞれ別々に求めることができる。

第15問［1点×5=5点］

次の文章のうち、正しい記述には①、誤った記述には②をそれぞれ解答欄に記入しなさい。

[　ア　]中彩度同士の配色では、色彩空間において明度が中間の色が多くなり、鮮やかさ感も中程度となるため、穏やかで鈍い印象になる。日本の草木染めなどがその例で、素朴なイメージを出すことができる。

[　イ　]アクセントカラーとは、低彩度色の大きな面積に小さい高彩度色を配色する手法であり、高彩度色の大きな面積に小さい低彩度色を配色する方法は該当しない。

[　ウ　]無彩色同士の配色は、彩度0同士ということになるので、同一彩度の配色ということができる。

[　エ　]マンセル彩度の場合は、同じ彩度値ならば色相が違っても色の鮮やかさ感は同じである。

[　オ　]vp-R3とvp-B4の配色は、低彩度同士の配色である。

第16問 [1点×5=5点]

下図において、背景色1・背景色2および図色a・図色bをア～オのように変化させるとどのように見えるか。付録の商工会議所カラーコーディネーションチャート簡易版を見ながら、正しいものには①を、誤っているものには②を解答欄に記入しなさい。

[ア] 図色a・bがどちらもdp-G3で、背景色1がmG(60)、背景色2がvv-G3の時、図色bは図色aより鮮やかに見える。

[イ] 図色a・bがどちらもlG(70)で、背景色1がWt(95)、背景色2がdG(40)の時、図色bは図色aより明るく見える。

[ウ] 図色a・bがどちらもpG(80)で、背景色1がBk(20)、背景色2がvp-R1の時、図色bは図色aより視認性が高い。

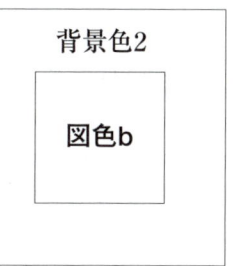

[エ] 図色a・bがどちらもvv-O3で、背景色1がvv-B4、背景色2がdk-Y2の時、図色aは図色bより対比が大きい。

[オ] 図色a・bがどちらもdp-R3で、背景色1がlG(70)、背景色2がvv-R3の時、図色bは図色aより鈍く見える。

第17問［1点×5＝5点］

図P・Qのような2色配色を考えるとき、ア〜オに当てはまる配色例を商工会議所カラーコーディネーション・チャート簡易版を参照しながら、語群①〜⑤より選んで解答欄に記入しなさい。

P	Q

1 中差色相配色は［　ア　］である。

2 彩度類似系の配色は［　イ　］である。

3 明度類似系の配色は［　ウ　］である。

4 補色色相の配色は［　エ　］である。

5 彩度対照系の配色は［　オ　］である。

〔語群〕
① vd-O3とmg-Y2　　② dG(40)とdp-O3　　③ pl-G3とdp-B4
④ vv-R3とvv-G5　　⑤ mg-P2とvv-B4

第18問［1点×5=5点］

図P・Qのような2色配色を考えるとき、ア～オに当てはまる配色例を商工会議所カラーコーディネーション・チャート簡易版を参照しながら、語群①～⑤より選んで解答欄に記入しなさい。

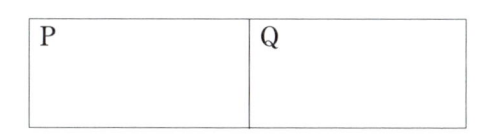

P	Q

1　「清楚」なイメージを与える配色は［　ア　］である。

2　「強く、動的」なイメージを与える配色は［　イ　］である。

3　「格調のある」イメージを与える配色は［　ウ　］である。

4　「若々しい」イメージを与える配色は［　エ　］である。

5　「濃厚な」イメージを与える配色は［　オ　］である。

〔語群〕

① dk-Y2とdk-G1　　② lt-Y2とlt-G1　　③ dp-O3とdpG5
④ vv-R3とvv-G3　　⑤ pl-B2とpl-R1

第19問 [1点×5=5点]

図P・Qのような2色配色を考えるとき、ア～オに当てはまる配色例を商工会議所カラーコーディネーション・チャート簡易版を参照しながら、語群①～⑤より選んで解答欄に記入しなさい。

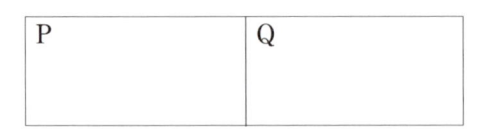

P	Q

1 シュブルールの調和論で類似の調和に当てはまる配色は[ア]である。

2 シュブルールの調和論で対照の調和に当てはまる、補色色相を使い、対照的なトーンを使った配色は[イ]である。

3 シュブルールの調和論で対照の調和に当てはまる、同一色相を使い対照的なトーンを使った配色は[ウ]である。

4 ジャッドの調和論で明白性の原理が当てはまる配色は[エ]である。

5 ジャッドの調和論で親近性の原理が当てはまる配色は[オ]である。

〔語群〕
① Bk(10)とvv-Y2　② pl-G1とdk-P4　③ lt-G1とvv-G3
④ vd-B4とpl-B4　⑤ pl-R3とvp-R3

模擬試験

第20問［1点×5=5点］

次の文を読みア〜オに当てはまる記号を付録の商工会議所カラーコーディネーションチャート簡易版を見ながら、語群①〜⑤より選んで解答欄に記入しなさい。

1　sfトーンと明度がほぼ同じトーンは［　ア　］である。

2　mgトーンと彩度がほぼ同じトーンは［　イ　］である。

3　最も彩度の高いトーンは［　ウ　］である。

4　「ライトグレイッシュ・トーン」と読むのは［　エ　］である。

5　dpトーンとほぼ彩度が同じトーンは［　オ　］である。

〔語群〕
① vv　　② mg　　③ lg　　④ vp　　⑤ lt

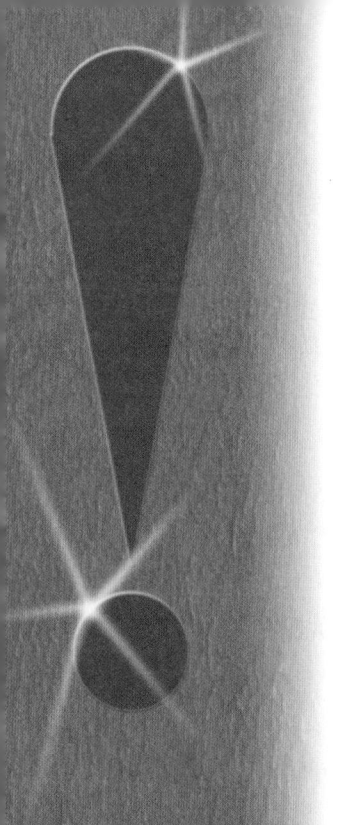

模擬試験 解答

模擬試験 解答

● 第1問 ［1点×5＝5点］
■ 解答　ア ③（冷たい・悲しみ・不安）　イ ④（共感覚）　ウ ⑧（色聴）
　　　　エ ⑫（共様性）　オ ⑮（視覚）

● 第2問 ［1点×5＝5点］
■ 解答　ア ②（PCCS）　イ ⑤（NCS）　ウ ⑧（黄みのだいだい）
　　　　エ ⑩（90）　オ ⑮（系統色名）

● 第3問 ［1点×5＝5点］
■ 解答　ア ③（色の見分け）　イ ④（明瞭性）　ウ ⑦（軽重感）
　　　　エ ⑪（明度差のある無彩色）　オ ⑭（スポーツ用品）

● 第4問 ［1点×5＝5点］
■ 解答　ア ③（展色材）　イ ⑧（反射）　ウ ⑤（屈折）
　　　　エ ⑪（吸収）　オ ⑭（分光反射率）

● 第5問 ［1点×5＝5点］
■ 解答　ア ①（錐状体）　イ ⑥（感覚）　ウ ⑧（知覚）
　　　　エ ⑪（記憶）　オ ⑮（視覚野）

● 第6問 ［1点×5＝5点］
■ 解答　ア ③（長波長）　イ ④（高く）　ウ ⑦（5Y）
　　　　エ ⑮（起伏）　オ ⑤（低く）

● 第7問 ［1点×5＝5点］
■ 解答　ア ②（光電色彩計）　イ ④（測色イルミナント）　ウ ⑧（等色関数）
　　　　エ ⑩（標準白色板）　オ ⑮（フィルタ）

● 第8問 ［1点×5＝5点］
■ 解答　ア ③（パステルカラー）　イ ④（無機的でクール）　ウ ⑧（未来志向）
　　　　エ ⑫（黒）　オ ⑬（シンプル・イズ・ベスト）

● 第9問 ［1点×5＝5点］
■ 解答　ア ②（衣服美）　イ ④（能と水墨画）　ウ ⑨（禅的）
　　　　エ ⑩（歌舞伎）　オ ⑭（町人）

模擬試験 解答

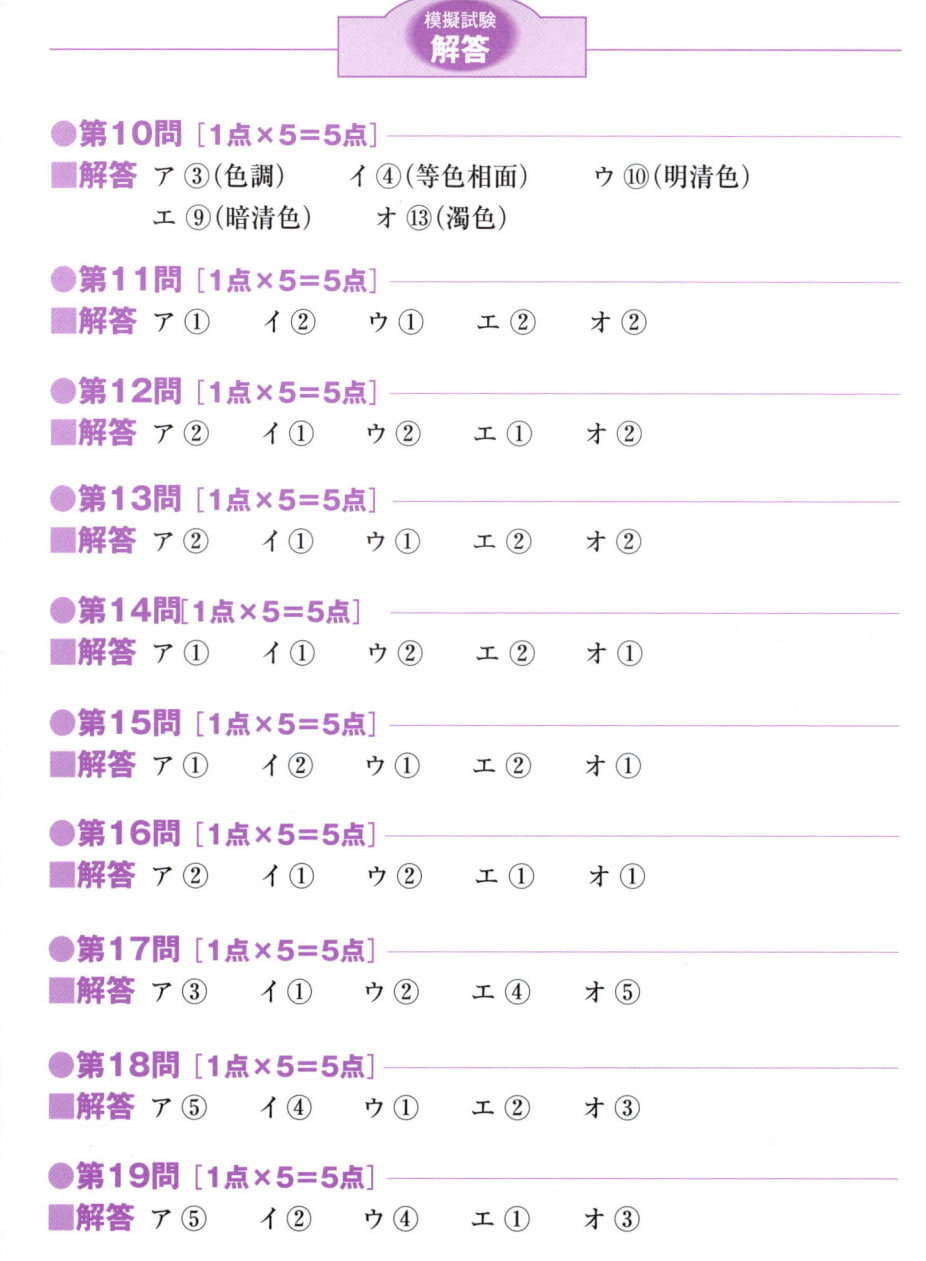

●第10問 [1点×5=5点]
■解答　ア③(色調)　イ④(等色相面)　ウ⑩(明清色)
　　　　エ⑨(暗清色)　オ⑬(濁色)

●第11問 [1点×5=5点]
■解答　ア①　イ②　ウ①　エ②　オ②

●第12問 [1点×5=5点]
■解答　ア②　イ①　ウ②　エ①　オ②

●第13問 [1点×5=5点]
■解答　ア②　イ①　ウ①　エ②　オ②

●第14問 [1点×5=5点]
■解答　ア①　イ①　ウ②　エ②　オ①

●第15問 [1点×5=5点]
■解答　ア①　イ②　ウ①　エ②　オ①

●第16問 [1点×5=5点]
■解答　ア②　イ①　ウ②　エ①　オ①

●第17問 [1点×5=5点]
■解答　ア③　イ①　ウ②　エ④　オ⑤

●第18問 [1点×5=5点]
■解答　ア⑤　イ④　ウ①　エ②　オ③

●第19問 [1点×5=5点]
■解答　ア⑤　イ②　ウ④　エ①　オ③

●第20問 [1点×5=5点]
■解答　ア②　イ④　ウ①　エ③　オ⑤

解答用紙

解答用紙

配点：各1点

第1章

第1問　ア☐　イ☐　ウ☐　エ☐　オ☐　　/5

第2問　ア☐　イ☐　ウ☐　エ☐　オ☐　　/5

第3問　ア☐　イ☐　ウ☐　エ☐　オ☐　　/5

第4問　ア☐　イ☐　ウ☐　エ☐　オ☐　　/5

第5問　ア☐　イ☐　ウ☐　エ☐　オ☐　　/5

第6問　ア☐　イ☐　ウ☐　エ☐　オ☐　　/5

第7問　ア☐　イ☐　ウ☐　エ☐　オ☐　　/5

第8問　ア☐　イ☐　ウ☐　エ☐　オ☐　　/5

得点

/40

解答用紙

配点：各1点

第2章

問	ア	イ	ウ	エ	オ	点
第1問						/5
第2問						/5
第3問						/5
第4問						/5
第5問						/5
第6問						/5
第7問						/5
第8問						/5
第9問						/5
第10問						/5
第11問						/5
第12問						/5

解答用紙

配点：各1点

第2章

問	ア	イ	ウ	エ	オ	得点
第13問						/5
第14問						/5
第15問						/1
第16問						/1
第17問						/1
第18問						/5
第19問						/5
第20問						/5
第21問						/5

得点 /93

解答用紙

配点：各1点

第3章

問	ア	イ	ウ	エ	オ	計
第1問						/5
第2問						/5
第3問						/5
第4問						/5
第5問						/5
第6問						/5
第7問						/5
第8問						/5
第9問						/5
第10問						/5
第11問						/5
第12問						/5

解答用紙

配点：各1点

第3章

第13問 □　　　　/1

第14問 □　　　　/1

第15問 □　　　　/1

第16問 □　　　　/1

第17問　ア□　イ□　ウ□　エ□　オ□　　/5

第18問　ア□　イ□　ウ□　エ□　オ□　　/5

第19問　ア□　イ□　ウ□　エ□　オ□　　/5

得点　/79

解答用紙

配点：各1点

第4章

	ア	イ	ウ	エ	オ	
第1問						/5
第2問						/5
第3問						/5
第4問						/5
第5問						/5
第6問						/5
第7問						/5
第8問						/5
第9問						/5
第10問						/5
第11問						/5
第12問						/5

解答用紙

配点：各1点

第4章

問	ア	イ	ウ	エ	オ	配点
第13問						/1
第14問						/1
第15問						/5
第16問						/5
第17問						/5
第18問						/5
第19問						/5
第20問						/5
第21問						/5
第22問						/5
第23問						/5

解答用紙

配点：各1点

第4章
第24問　ア☐　イ☐　ウ☐　エ☐　オ☐　　/5

得点　/112

配点：各1点

第5章
第1問　ア☐　イ☐　ウ☐　エ☐　オ☐　　/5

第2問　ア☐　イ☐　ウ☐　エ☐　オ☐　　/5

第3問　ア☐　イ☐　ウ☐　エ☐　オ☐　　/5

第4問　ア☐　イ☐　ウ☐　エ☐　オ☐　　/5

第5問　ア☐　イ☐　ウ☐　エ☐　オ☐　　/5

第6問　ア☐　イ☐　ウ☐　エ☐　オ☐　　/5

第7問　ア☐　イ☐　ウ☐　エ☐　オ☐　　/5

第8問　ア☐　イ☐　ウ☐　エ☐　オ☐　　/5

第9問　ア☐　イ☐　ウ☐　エ☐　オ☐　　/5

解答用紙

配点：各1点

第5章

問	ア	イ	ウ	エ	オ	点
第10問						/5
第11問						/5
第12問						/5
第13問						/5
第14問						/5

問	解答	点
第15問		/1
第16問		/1
第17問		/1

問	ア	イ	ウ	エ	オ	点
第18問						/5
第19問						/5
第20問						/5
第21問						/5

解答用紙

配点：各1点

第5章
第22問　ア☐　イ☐　ウ☐　エ☐　オ☐　　/5

得点　　/98

配点：各1点

第6章
第1問　ア☐　イ☐　ウ☐　エ☐　オ☐　　/5

第2問　ア☐　イ☐　ウ☐　エ☐　オ☐　　/5

第3問　ア☐　イ☐　ウ☐　エ☐　オ☐　　/5

第4問　ア☐　イ☐　ウ☐　エ☐　オ☐　　/5

第5問　ア☐　イ☐　ウ☐　エ☐　オ☐　　/5

第6問　ア☐　イ☐　ウ☐　エ☐　オ☐　　/5

第7問　ア☐　イ☐　ウ☐　エ☐　オ☐　　/5

第8問　ア☐　イ☐　ウ☐　エ☐　オ☐　　/5

第9問　ア☐　イ☐　ウ☐　エ☐　オ☐　　/5

解答用紙

配点：各1点

第6章

問	ア	イ	ウ	エ	オ	点
第10問						/5
第11問						/5
第12問						/5
第13問						/5
第14問						/5
第15問						/5

問	解答	点
第16問		/1
第17問		/1
第18問		/1
第19問		/1
第20問		/1

解答用紙

配点：各1点

第6章

第21問 ア☐ イ☐ ウ☐ エ☐ オ☐
　　　 カ☐ キ☐　　　　　　　　　/7

第22問 ア☐ イ☐ ウ☐ エ☐ オ☐　/5

第23問 ア☐ イ☐ ウ☐ エ☐ オ☐　/5

第24問 ア☐ イ☐ ウ☐ エ☐ オ☐　/5

得点 /102

配点：各1点

第7章

第1問 ア☐ イ☐ ウ☐ エ☐ オ☐　/5

第2問 ア☐ イ☐ ウ☐ エ☐ オ☐　/5

第3問 ア☐ イ☐ ウ☐ エ☐ オ☐　/5

第4問 ア☐ イ☐ ウ☐ エ☐ オ☐　/5

第5問 ア☐ イ☐ ウ☐ エ☐ オ☐　/5

解答用紙

配点：各 1 点

第7章

問	ア	イ	ウ	エ	オ	点
第6問						/5
第7問						/5
第8問						/5
第9問						/5
第10問						/5
第11問						/5

問		点
第12問		/1
第13問		/1
第14問		/1

問	ア	イ	ウ	エ	オ	点
第15問						/5

得点 /63

解答用紙

配点：各1点

第8章

第1問 ア　イ　ウ　エ　オ　/5

第2問 ア　イ　ウ　エ　オ　/5

第3問 ア　イ　ウ　エ　オ　/5

第4問 ア　イ　ウ　エ　オ　/5

第5問 ア　イ　ウ　エ　オ　/5

第6問 ア　イ　ウ　エ　オ　/5

第7問 　/1

第8問 　/1

第9問 ア　イ　ウ　エ　オ　/5

第10問 ア　イ　ウ　エ　オ　/5

第11問 ア　イ　ウ　エ　オ　/5

得点 /47

解答用紙

配点：各1点

第9章

問	ア	イ	ウ	エ	オ	得点
第1問						/5
第2問						/5
第3問						/5
第4問						/5
第5問						/5
第6問						/5
第7問						/5
第8問						/5
第9問						/5
第10問						/5
第11問						/5
第12問						/5

解答用紙

配点：各1点

第9章

第13問　ア☐　イ☐　ウ☐　エ☐　オ☐　　/5

第14問　ア☐　イ☐　ウ☐　エ☐　オ☐　　/5

第15問　☐　　/1

第16問　☐　　/1

第17問　ア☐　イ☐　ウ☐　エ☐　オ☐　　/5

第18問　ア☐　イ☐　ウ☐　エ☐　オ☐　　/5

第19問　ア☐　イ☐　ウ☐　エ☐　オ☐　　/5

得点　/87

模擬試験 解答用紙

配点：各1点

	ア	イ	ウ	エ	オ	
第1問						/5
第2問						/5
第3問						/5
第4問						/5
第5問						/5
第6問						/5
第7問						/5
第8問						/5
第9問						/5
第10問						/5

模擬試験 解答用紙

配点：各1点

第11問	ア □	イ □	ウ □	エ □	オ □	/5
第12問	ア □	イ □	ウ □	エ □	オ □	/5
第13問	ア □	イ □	ウ □	エ □	オ □	/5
第14問	ア □	イ □	ウ □	エ □	オ □	/5
第15問	ア □	イ □	ウ □	エ □	オ □	/5
第16問	ア □	イ □	ウ □	エ □	オ □	/5
第17問	ア □	イ □	ウ □	エ □	オ □	/5
第18問	ア □	イ □	ウ □	エ □	オ □	/5
第19問	ア □	イ □	ウ □	エ □	オ □	/5
第20問	ア □	イ □	ウ □	エ □	オ □	/5

得点 /100

解答用紙

配点：各1点

第1章
第3問　ア☐　イ☐　ウ☐　エ☐　オ☐　/5

第2章
第9問　ア☐　イ☐　ウ☐　エ☐　オ☐　/5

第10問　ア☐　イ☐　ウ☐　エ☐　オ☐　/5

第18問　ア☐　イ☐　ウ☐　エ☐　オ☐　/5

第3章
第9問　ア☐　イ☐　ウ☐　エ☐　オ☐　/5

第12問　ア☐　イ☐　ウ☐　エ☐　オ☐　/5

第19問　ア☐　イ☐　ウ☐　エ☐　オ☐　/5

第4章
第9問　ア☐　イ☐　ウ☐　エ☐　オ☐　/5

第16問　ア☐　イ☐　ウ☐　エ☐　オ☐　/5

第5章
第2問　ア☐　イ☐　ウ☐　エ☐　オ☐　/5

第6問　ア☐　イ☐　ウ☐　エ☐　オ☐　/5

第20問　ア☐　イ☐　ウ☐　エ☐　オ☐　/5

解答用紙

配点：各1点

第6章
第4問 ア☐ イ☐ ウ☐ エ☐ オ☐   /5

第8問 ア☐ イ☐ ウ☐ エ☐ オ☐   /5

第21問 ア☐ イ☐ ウ☐ エ☐ オ☐
       カ☐ キ☐   /7

第7章
第4問 ア☐ イ☐ ウ☐ エ☐ オ☐   /5

第15問 ア☐ イ☐ ウ☐ エ☐ オ☐   /5

第8章
第4問 ア☐ イ☐ ウ☐ エ☐ オ☐   /5

第9章
第10問 ア☐ イ☐ ウ☐ エ☐ オ☐   /5

第16問 ア☐ イ☐ ウ☐   /3

得点　/100

解答用紙

配点：各1点

第1章
第1問　ア☐　イ☐　ウ☐　エ☐　オ☐　/5

第2章
第6問　ア☐　イ☐　ウ☐　エ☐　オ☐　/5

第19問　ア☐　イ☐　ウ☐　エ☐　オ☐　/5

第3章
第17問　ア☐　イ☐　ウ☐　エ☐　オ☐　/5

第4章
第1問　ア☐　イ☐　ウ☐　エ☐　オ☐　/5

第5問　ア☐　イ☐　ウ☐　エ☐　オ☐　/5

第18問　ア☐　イ☐　ウ☐　エ☐　オ☐　/5

第5章
第3問　ア☐　イ☐　ウ☐　エ☐　オ☐　/5

第15問　ア☐　イ☐　ウ☐　/3

第17問　ア☐　イ☐　ウ☐　/3

第18問　ア☐　イ☐　ウ☐　エ☐　オ☐　/5

解答用紙

配点：各 1 点

第6章

第14問 | ア ☐ | イ ☐ | ウ ☐ | エ ☐ | オ ☐ | /5

第16問 | ア ☐ | イ ☐ | ウ ☐ | /3

第23問 | ア ☐ | イ ☐ | ウ ☐ | エ ☐ | オ ☐ | /5

第7章

第2問 | ア ☐ | イ ☐ | ウ ☐ | エ ☐ | オ ☐ | /5

第8問 | ア ☐ | イ ☐ | ウ ☐ | エ ☐ | オ ☐ | /5

第14問 | ア ☐ | イ ☐ | ウ ☐ | /3

第8章

第7問 | ア ☐ | イ ☐ | ウ ☐ | /3

第10問 | ア ☐ | イ ☐ | ウ ☐ | エ ☐ | オ ☐ | /5

第9章

第5問 | ア ☐ | イ ☐ | ウ ☐ | エ ☐ | オ ☐ | /5

第9問 | ア ☐ | イ ☐ | ウ ☐ | エ ☐ | オ ☐ | /5

第19問 | ア ☐ | イ ☐ | ウ ☐ | エ ☐ | オ ☐ | /5

得点 /100

解答用紙

配点：各1点

第1章
第4問　ア□　イ□　ウ□　エ□　オ□　　/5

第8問　ア□　イ□　ウ□　エ□　オ□　　/5

第2章
第3問　ア□　イ□　ウ□　エ□　オ□　　/5

第5問　ア□　イ□　ウ□　エ□　オ□　　/5

第15問　ア□　イ□　ウ□　　　　　　　/3

第3章
第4問　ア□　イ□　ウ□　エ□　オ□　　/5

第13問　ア□　イ□　ウ□　　　　　　　/3

第4章
第3問　ア□　イ□　ウ□　エ□　オ□　　/5

第11問　ア□　イ□　ウ□　エ□　オ□　　/5

第24問　ア□　イ□　ウ□　エ□　オ□　　/5

第5章
第1問　ア□　イ□　ウ□　エ□　オ□　　/5

第16問　ア□　イ□　ウ□　　　　　　　/3

第19問　ア□　イ□　ウ□　エ□　オ□　　/5

解答用紙

配点：各1点

第6章
第5問　ア□　イ□　ウ□　エ□　オ□　/5

第7問　ア□　イ□　ウ□　エ□　オ□　/5

第24問　ア□　イ□　ウ□　エ□　オ□　/5

第7章
第9問　ア□　イ□　ウ□　エ□　オ□　/5

第12問　ア□　イ□　ウ□　/3

第8章
第2問　ア□　イ□　ウ□　エ□　オ□　/5

第8問　ア□　イ□　ウ□　/3

第9章
第3問　ア□　イ□　ウ□　エ□　オ□　/5

第8問　ア□　イ□　ウ□　エ□　オ□　/5

得点　/100

カラーコーディネーター検定試験®

3級過去問題例集

Ⅰ ……………… 237
Ⅱ ……………… 245
Ⅲ ……………… 255
Ⅳ ……………… 265

模範解答 ……… 274

過去問題例

I

第1問 (10点)

次の文中の [　] の部分に、下記の選択肢から最も適切な番号を選び、解答用紙の所定欄にその番号をマークしなさい。

色が見えるためには、光があること、眼が働いていること、見るべき対象物があることの3つの条件が必要である。光は [ア] なエネルギーの一種である。色を正しく計測するための光は [イ] と呼ばれる。人の視感覚の特性を [ウ] して定めたものは [エ] と呼ぶ。[ア] には同じ特性を持つ色が背景の色の違いによって異なって見えることもある。その現象の一つとして [オ] があげられる。

[選択肢]
[アの語群] ① 心理的　　　② 物理的　　　③ 生理的
[イの語群] ① ベースライト　② 計測光　　　③ 標準イルミナント
[ウの語群] ① 最大化　　　② 電子化　　　③ 平均化
[エの語群] ① 標準観測者　② 最大視感値　③ 量子化視感値
[オの語群] ① プルキニエ現象　② マッハ効果　③ 対比現象

第2問 (10点)

次の事項のうちで正しいものには①を、間違っているものには②を、解答用紙の所定欄にその番号をマークしなさい。

ア. 連想には、ある観念からほかの観念が引き出される側面がある。
イ. 連想には、生理学的な人間の営みとして多くの人に共通する連想もあれば、帰属する集団に固有の生活体験に根差した連想もある。
ウ. 抽象的観念と結びついた色の連想語を色の比喩語という。
エ. 白の連想にテニスボール、黒の連想に自動車などは、具体的な連想が時代の変化に対して不変であることを表す代表である。
オ. 聖徳太子の冠位十二階の制では最高位とされる智に青があてられている。
カ. 英語やフランス語の黄色にはあまりプラスの意味は含まれず、裏切り、臆病、意気地なしなどの、どちらかといえばマイナスの意味がある。
キ. ある感覚器官に与えられた刺激によってもたらされる特有の反応のほかに、それ以外の系統に属する感覚器官にも影響を引き起こすことを共時感覚という。
ク. 色の寒・暖感は三属性中の彩度に依存する度合いが高い。
ケ. ベビー用品の多くに明度の高いパステル調の色が用いられるのは、赤ちゃんの肌の柔らかいイメージにマッチさせる意味がある。
コ. SD法では因子分析を用いて、イメージの基本的要因を求める。

第3問（10点）

次の文中の［　］の部分に、下記の選択肢から最も適切な番号を選び、解答用紙の所定欄にその番号をマークしなさい。

　カラーオーダシステムの一つであるマンセル表色系は、[ア]の分類で用いられる色の三属性が異なる[イ]を順序よく配列し、[イ]に一連の数値を割り当てて表示するものである。マンセル表色系の色相は、[ウ]が音階を例として色相の[エ]を説明したように色相環で表される。色相環にすると配色のあり方や[オ]のあり方を説明するのに便利である。

［選択肢］

[アの語群]　① 色の印象　　　　② 色の見え　　　　③ 色の象徴

[イの語群]　① 色票　　　　　　② フィルタ　　　　③ 色光

[ウの語群]　① ニュートン　　　② ライト　　　　　③ モーニングスター

[エの語群]　① 自然連鎖　　　　② 循環性　　　　　③ 対象性

[オの語群]　① 明度変化　　　　② 彩度変化　　　　③ 補色

第4問(10点)
次の文中の[ ]の部分に、下記の選択肢から最も適切な番号を選び、解答用紙の所定欄にその番号をマークしなさい。

配色を色相差によって分類すると、同一色相の配色は[ア]であり、中差色相の配色は[イ]である。トーンを使っての配色も有効である。例えば、対照色相で類似トーンの配色は[ウ]である。また、補色色相で同一トーンの配色は[エ]である。
色相関係では、色相の自然連鎖を守ると見慣れた配色をつくることができる。類似色相で類似トーンを使用しながら色相の自然連鎖を守った配色を作ると、それは[オ]の配色となる。

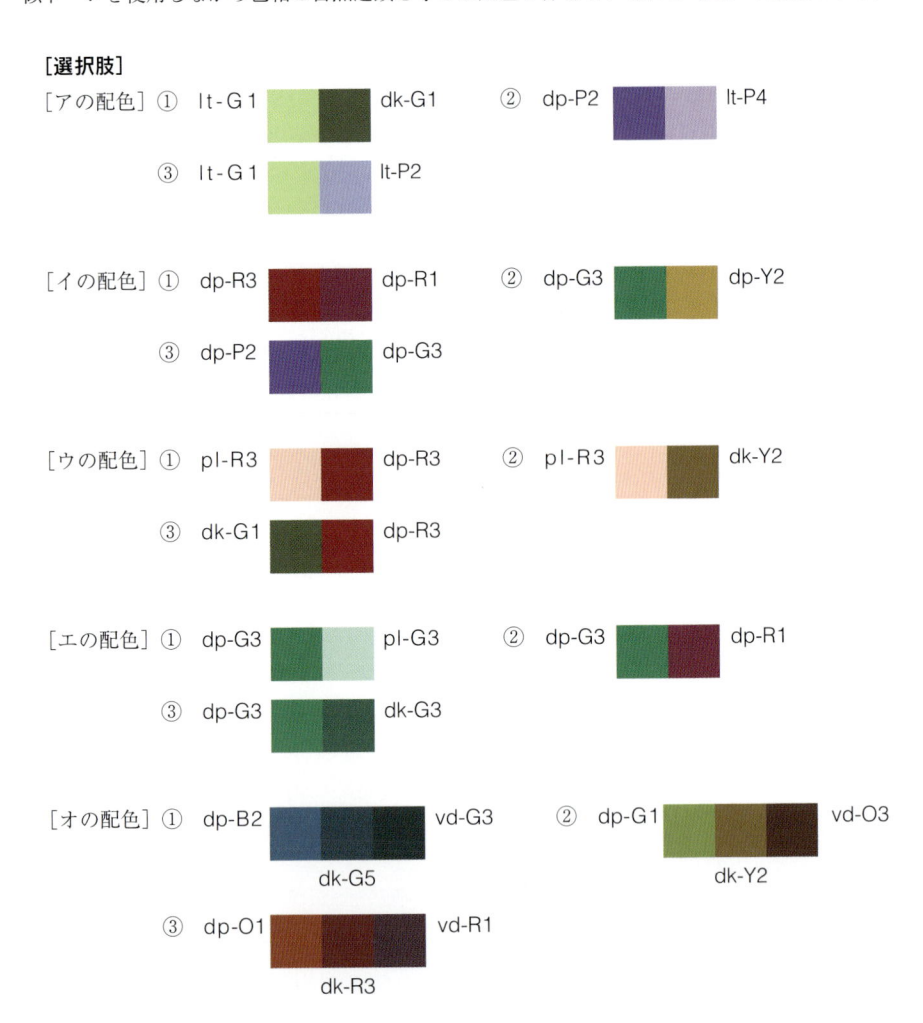

[選択肢]

[アの配色] ① lt-G1　dk-G1　② dp-P2　lt-P4
③ lt-G1　lt-P2

[イの配色] ① dp-R3　dp-R1　② dp-G3　dp-Y2
③ dp-P2　dp-G3

[ウの配色] ① pl-R3　dp-R3　② pl-R3　dk-Y2
③ dk-G1　dp-R3

[エの配色] ① dp-G3　pl-G3　② dp-G3　dp-R1
③ dp-G3　dk-G3

[オの配色] ① dp-B2　vd-G3　dk-G5　② dp-G1　vd-O3　dk-Y2
③ dp-O1　vd-R1　dk-R3

第5問（10点）

次の文中の [ ] の部分に、下記の選択肢から最も適切な番号を選び、解答用紙の所定欄にその番号をマークしなさい。

　空気中を進んだ光がある物質に当たると、空気と物質の [ア] で光の一部が [イ] されるだけでなく、一部は物質の中に入り込む。その際に生じる光の進む方向の変化を [ウ] という。光の進む方向の変化は、物質の [ウ] 率の違いによって変化する。[ウ] 率は [エ] によって異なることから、太陽光をプリズムに通すと、虹のような色が現れる。[オ] はほかの光に比べて進行方向の変化が大きく、進行方向から外れるように進む。

[選択肢]

[アの語群] ① 温度差　　　　② 境界面　　　　③ 硬度差
[イの語群] ① 吸収　　　　　② 干渉　　　　　③ 反射
[ウの語群] ① 回折　　　　　② ミー散乱　　　③ 屈折
[エの語群] ① 入射角　　　　② 波長　　　　　③ 臨界角
[オの語群] ① 赤い光　　　　② 緑の光　　　　③ 紫の光

第6問（10点）

次の文中の [ ] の部分に、下記の選択肢から最も適切な番号を選び、解答用紙の所定欄にその番号をマークしなさい。

　眼は水晶体の厚みを変えて網膜上の [ア] に的確な像を結ぶ。
　各波長で同じ強さのエネルギーが眼に入ったときに、各波長ごとにどの程度の興奮があるかを示した値を [イ] という。[ア] を中心に、直径約2ｍｍの楕円形をした有色の色素を持った部分を [ウ] という。
　両眼から脳に向かった視神経の信号は、視交叉を経由して [エ] に伝達される。さらに、[エ] から視放線を経て大脳の後頭葉にある [オ] に伝達される。

[選択肢]

[アの語群] ① 中心窩　　　　② 硝子体　　　　③ 脈絡膜
[イの語群] ① 出力感度　　　② 波長分解能　　③ 分光感度
[ウの語群] ① 赤点　　　　　② 黄斑　　　　　③ 青腔
[エの語群] ① 外側膝状体　　② 双極細胞　　　③ 盲点
[オの語群] ① 視覚間脳　　　② 感覚神経　　　③ 視覚野

第7問7-1（5点）

次の事項のうちで正しいものには①を、間違っているものには②を、解答用紙の所定欄にその番号をマークしなさい。

ア．白色光に対する杆状体の暗順応は安定するまで5分間くらいかかり、錐状体の感度の5分の1くらいの暗い光でも見える。
イ．陽性残像は、見ている場所が明るい場合や、刺激を見る時間が比較的長いときに現れる。
ウ．対比は、背景色とテスト色を見る空間的または時間的関係によって、同時対比と継時対比がある。
エ．対比現象や陰性残像で知覚される色は元の色のほぼ同色の関係になっている。
オ．図のような効果をネオンカラー効果と呼ぶ。

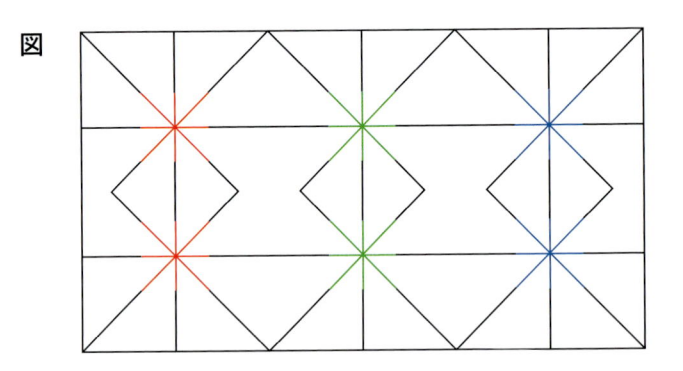

図

第7問7-2（5点）

次の事項のうちで正しいものには①を、間違っているものには②を、解答用紙の所定欄にその番号をマークしなさい。

ア．視感比色するときに用いるマスクの窓の大きさは視角2度以上50度以内とされている。
イ．視感比色のための照明は、自然光でも人工光でもよい。
ウ．試料があらゆる方向から照明されている場合には、45度方向から観察する。
エ．視感比色する前に、数分間、照明下で作業面の無彩色に目を慣らしてから始める。
オ．鮮やかな色の比較作業の直後に、薄い色や、その色の補色に近い色相を持った色を比較しても差し支えない。

第8問（10点）

次の文中の [ ] の部分に、下記の選択肢から最も適切な番号を選び、解答用紙の所定欄にその番号をマークしなさい。

[ア]とは、3つの条件、光と眼と[イ]にもとづく測色方法である。光には、一般的に[ウ]を使い、眼には[エ]の値を用いる。測定結果は、三原色の混合量を示す値である[オ]で表される。

[選択肢]

[アの語群]	①	分光測色方法	②	光電測色方法	③	第一種測色方法
[イの語群]	①	感覚値	②	反応値	③	物
[ウの語群]	①	白熱電球	②	北空光	③	標準イルミナントD65
[エの語群]	①	等色関数	②	重価関数	③	混色係数
[オの語群]	①	混色係数	②	反射係数	③	三刺激値

第9問（10点）

次の文中の [ ] の部分に、下記の選択肢から最も適切な番号を選び、解答用紙の所定欄にその番号をマークしなさい。

色を混ぜることによってその結果が明るくなる[ア]の混色を加法混色、逆に暗くなる[イ]の混色を減法混色という。

中間混色には[ウ]の2種類がある。

加法混色で赤（R）、緑（G）、青（B）の3色を混色して、xy色度図上で、それらR、G、Bの色の位置を直線で結んだ三角形の内部に混色された色ができる。この三角形の領域を[エ]とよぶ。人間の眼で同じ色に見えるように色を再現するには[オ]を一致させれば良い。

[選択肢]

[アの語群]	①	物	②	人間	③	光
[イの語群]	①	コマ	②	色材	③	プロジェクタ
[ウの語群]	①	回転混色と併置混色	②	移動混色と多重混色		
	③	空間混色と平均混色				
[エの語群]	①	混色領域	②	実現色三角形	③	色再現域
[オの語群]	①	三刺激値	②	等色関数	③	輝度

第10問（10点）

次の文中の [ ] の部分に、下記の選択肢から最も適切な番号を選び、解答用紙の所定欄にその番号をマークしなさい。

　日本における色彩文化を見てみよう。奈良時代に入ると、絵の具の記録から [**ア**] の各色相の色が整ったことがわかる。平安時代に入ると特に赤色の多様化が見られるが、この時代の特徴を表す色名の一例が [**イ**] であり、当時の染色固有の技術的特徴である色の濃淡を指示する色名である。鎌倉時代は武士の性質が強く表れ、甲冑（かっちゅう）に用いられる [**ウ**] のような、上方が濃く下方にいくに従いうすい色になるぼかし方なども現れた。

　武士の時代の特徴の一つに無彩色性が挙げられるが、その伝統は現在にも連なる。1980年代になると無彩色が大流行し、ファッションデザイナー川久保玲、山本耀司らの活躍で、ファッション分野では特に [**エ**] が人気を呼んだ。1980年代後期以後は自然環境への高まりが見られ、このころから [**オ**] といわれるベージュを中心とした自然素材色が再び台頭してくる。

[選択肢]

[アの語群] ① 赤から紫色　　② 黄色から緑　　③ 緑から藍色

[イの語群] ① 勝色（かついろ）　　② 深緋（こきあか）　　③ 薄緑

[ウの語群] ① 重ね　　② 裾濃（すそご）　　③ 匂い

[エの語群] ① 白　　② 明るい灰色　　③ 黒

[オの語群] ① アースカラー　　② ウッディカラー　　③ エコロジーカラー

過去問題例

II

第1問1−1（5点）
　次の事項のうちで正しいものには①を、間違っているものには②を、解答用紙の所定欄にその番号をマークしなさい。

ア．光は電波と同じ電磁波の一種で、私たちの視覚を生じさせる。
イ．白熱電球の光は相対的に寒色系のエネルギー成分が多い。
ウ．色を計測するための光は標準白色光と呼ばれる。
エ．色の見えは色の物理的な違いだけに依存する。
オ．配色を行う場合は、色彩調和論の原則を守ればそれで十分である。

第1問1−2（5点）
　次の事項のうちで正しいものには①を、間違っているものには②を、解答用紙の所定欄にその番号をマークしなさい。

ア．具体的連想や象徴語は、時代や社会、文化によって違いが見られるが、心理的効果はそのようなことはない。
イ．感覚相互の対応性を共様性（ｉｎｔｅｒｍｏｄａｌｉｔｙ）という。
ウ．色の硬・軟感は色相との関係が深い。
エ．商品のパッケージ、企業のロゴマークや看板には、誘目性が高い赤や黄、オレンジの組み合わせが多い。
オ．円の大きさの知覚的判定には明度は関与せず、彩度の影響が大きい。

第2問（10点）
次の文中の［　］の部分に、下記のそれぞれの語群のうち最も適切な用語を選び、解答用紙の所定欄にその番号をマークしなさい。

色の連想調査は［ア］を使って連想を求める。年齢が上がるにつれて連想の範囲は［イ］連想へと広がりを見せる。

色と［ウ］とを対応させた例は、五行思想や、インド、アメリカのナバホ族、昔のアイルランドにある。

ヨーロッパでは中世以来の騎士の伝統として、所属する集団や地位を盾の［エ］によって表すのがさかんとなった。

聖母マリアの外套は、イコンの伝統にもとづき［オ］で描かれている場合が多い。

［語群］

［アの語群］	① 三刺激値	② 色相と明度	③ 色見本と色名
［イの語群］	① 文化や社会的事象を含む抽象的		
	② 身近な具体的		
	③ 個人の感情的		
［ウの語群］	① 時間	② 方角	③ 地位
［エの語群］	① 紋章と色	② 大きさと色	③ 材質と色
［オの語群］	① 金	② 緑	③ 青

第3問（10点）
次の文中の［　］の部分に、下記のそれぞれの語群のうち最も適切な用語を選び、解答用紙の所定欄にその番号をマークしなさい。

カラーオーダシステムは「物体色を［ア］配列し、合理的な方法又は［イ］で標準化した表色体系」の総称である。マンセル表色系は、マンセルが1905年に考案したもので、1943年に［ウ］によって修正され、JISにも採用されている。この表色系では色の明るさを［エ］に等間隔になるように分割した0から10までの数値をつけて表示する。この表示は、［オ］の明るさに関する性質にだけ用いる。

［語群］

［アの語群］	① 順序よく	② 円形に	③ ランダムに
［イの語群］	① 理想的物体	② 自然な方法	③ 計画
［ウの語群］	① OSA	② CIE	③ CSAJ
［エの語群］	① 物理的	② 知覚的	③ 機械的
［オの語群］	① 透過色	② 発光色	③ 表面色

第4問（10点）

次の2色配色を完成させるため、右側の色ア～オのCCIC記号を選択肢から選び、その番号を解答欄にマークしなさい。

ア．対照色相の関係になる配色　　dp-O1　［ア］

イ．明度差の大きい配色　　　　　pl-R3　［イ］

ウ．彩度差の大きい配色　　　　　mg-B4　［ウ］

エ．同一トーンの配色　　　　　　lt-P2　　［エ］

オ．対照トーンの配色　　　　　　mG(60)　［オ］

[選択肢]

[アの選択肢] ① dp-P2　　　② lt-O1

③ dG(30)

[イの選択肢] ① pl-O1　　　② dk-R1

③ pl-G3

[ウの選択肢] ① mg-Y2　　　② dg-B4

③ vv-B4

[エの選択肢] ① lt-G1　　　② dp-P2

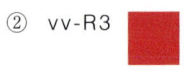

③ pl-P2

[オの選択肢] ① Wt(90)　　② vv-R3

③ mg-R3

第5問5-1（5点）

次の事項のうちで正しいものには①を、間違っているものには②を、解答用紙の所定欄にその番号をマークしなさい。

ア．初期の調和論では、トーンの調和に重点を置いて論じたものが目立っている。
イ．シュヴルールの調和論では、「色のついたガラス越しにさまざまな色を眺めたときのような、全体が1つの色相に支配された配色」は、類似の調和の例とされる。
ウ．オストワルトの調和論では、等色相三角形である**図中**の色AとBの配色は、等白系列の調和である。
エ．ジャッドは調和論に共通する原理・原則について、「色彩調和は好き嫌いの問題ではなく、情緒反応は人の違いによらず共通しており、同一人はいつも同じ色の好みを示す」と述べている。
オ．ジャッドの共通性の原理は、互いに同質性を持つ色は調和するという原理である。

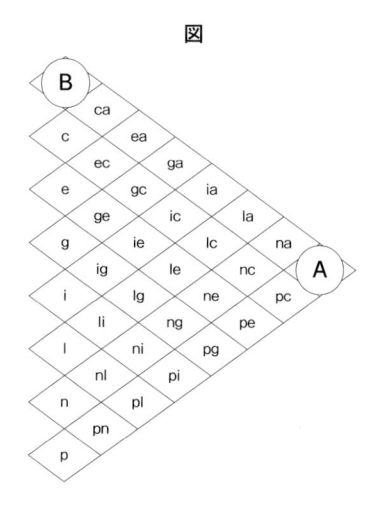

図

第5問5-2（5点）

次の事項のうちで正しいものには①を、間違っているものには②を、解答用紙の所定欄にその番号をマークしなさい。

ア．光の波長はnmという単位で表される。
イ．スペクトルとは、ある光がどの波長を含んでいるかを表すものである。
ウ．物体がどの波長をどれくらい吸収し、どれくらい反射あるいは透過したかによって色は決定される。
エ．分光反射率曲線を見ただけではだいたいどのような色であるかは判断できない。
オ．正反射では入射角と反射角は等しくない。

第6問（10点）

次の文中の [ ] の部分に、下記のそれぞれの語群のうち最も適切な用語を選び、解答用紙の所定欄にその番号をマークしなさい。

入射角と屈折角は物質の [ア] の違いによって異なる。

波長によって [ア] が違うことはプリズムから出た光が長波長の [イ] ことで確認できる。

宇宙空間や月面では、大気がないので [ウ] させる媒体がないため、暗黒中に太陽だけが見える。

山頂などで、太陽の光を背にして霧や雲を見ると、そこに自分の影が内側に青、外側に赤の環と共に見える。これが [エ] と呼ばれる現象である。

コンパクトディスクなどの表面に見える虹色は [オ] によるものである。

[語群]

[アの語群] ① 入射率　　② 屈折率　　③ 減衰率

[イの語群] ① 赤い光が進行方向に近い
　　　　　② 赤い光が進行方向に遠い
　　　　　③ 青い光が進行方向に近い

[ウの語群] ① 屈折　　② 干渉　　③ 散乱

[エの語群] ① ハーローの聖環　　② ブロッケンの妖怪　　③ コロナの精

[オの語群] ① 回折　　② 屈折　　③ 干渉

第7問（10点）

次の文中の [ ] の部分に、下記のそれぞれの語群のうち最も適切な用語を選び、解答用紙の所定欄にその番号をマークしなさい。

光の三原色は、赤、緑、青紫である。英記号ではR、G、Bで表されている。三原色の強度の組み合わせによって、さまざまな色に見える光になる。R50％とG50％の組み合わせは [ア] であり、R25％とG75％の組み合わせは [イ] に相当する。このように三原色の混色量の組み合わせによって色が変化することから、三原色の混色量を連記して色を表示することができる。XYZ表色系では、三原色の混色量を [ウ] という。XYZ表色系では、三原色の混色量を求めるために光の特性と [エ] を色の測定のルールに従って標準化している。光の特性を規定した試料を照明する照明光を [オ] という。

[語群]

[アの語群] ① 赤　　　　　　② オレンジ　　　　③ 黄色

[イの語群] ① 若草色　　　　② 牡丹色　　　　　③ 新橋色

[ウの語群] ① 三刺激値　　　② 色度　　　　　　③ 配合値

[エの語群] ① 知覚の特性　　② 眼の特性　　　　③ 物の特性

[オの語群] ① ルミナンス　　② イルミナント　　③ イラディアンス

第8問 8-1（5点）

次の事項のうちで正しいものには①を、間違っているものには②を、解答用紙の所定欄にその番号をマークしなさい。

ア．視感比色する色の表面状態が大きく異なっても、表面状態が同じ場合と同じ確かさで比色ができる。
イ．視感比色のための照明には、北空からの拡散光を用いる。
ウ．視感比色をするときに用いるマスクは、試料の特定の部分だけを見せ、それ以外の周りを隠すためのものである。
エ．マスクの色は、試料面の明度に関係なく黒色とする。
オ．視感比色するときに、試料は10cm以上離し、横に並べて観察する。

第8問8-2（5点）

次の事項のうちで正しいものには①を、間違っているものには②を、解答用紙の所定欄にその番号をマークしなさい。

ア．色覚異常の検査は工業用と学校用に分けられている。
イ．視細胞レベルでは3種類の錐状体での三色説が、それ以降の視神経及び脳内では反対色説が成立している。
ウ．2色を混色して無彩色になる色の関係を補色という。
エ．中心窩で視角2分以下では、赤と緑の色感度がなくなったように無彩色に見える小面積第一色覚異常と呼ばれる現象が起こる。
オ．誘目性の高い色は青紫で、低い色は赤と黄色である。

第9問（10点）

次の文中の［　］の部分に、下記のそれぞれの語群のうち最も適切な用語を選び、解答用紙の所定欄にその番号をマークしなさい。

印刷物のように、色を［ア］配列し、ある距離から見たとき、色が視覚的に混色して見えることを［イ］という。また、2色に塗り分けられたコマを高速で回転すると1つの色のように見えてくる。これは回転するという［ウ］によって作り出される混色である。この場合の色の見えは、それぞれの色の［エ］に応じた色になる。また、色度は2色の色度座標を結んだ［オ］に表すことができる。

[語群]

[アの語群] ① 重ねて　　　② 小さな点で　　　③ 千鳥格子に

[イの語群] ① 併置混色　　② 継時混色　　　　③ 対比混色

[ウの語群] ① 空間的要素　② 時間的要素　　　③ 機械的要素

[エの語群] ① 面積比　　　② 明度比　　　　　③ 強度比

[オの語群] ① 曲面上　　　② 混色線上　　　　③ 直線上

第10問（10点）

次の文中の [ ] の部分に、下記のそれぞれの語群のうち最も適切な用語を選び、解答用紙の所定欄にその番号をマークしなさい。

　平安時代は和風文化が確立された時代であるが、色彩では特に [**ア**] 色を中心とする実際の染布の色の多様化とともに色名が増えた。多様化した色名を見ると、色の主流がこれまでの [**イ**] 主体の絵の具の色から、染色による色に変わったことがわかる。そのような色名の爆発的増加は [**ウ**] 時代にもう一度見られる。
　奈良・平安時代は官位の整備と実現に努力が払われた時代であった。推古11年に制定された冠位十二階では、冠位の色は [**エ**] にもとづき、さらにその上に紫を置いた。当時、自分の身分にあたる色以外に官位の下の色の着用が許されており、身分が高い者ほど広く色が使えた。その着用の乱れが、平安時代に改めて [**オ**] の制を必要とさせたのである。

[語群]

[アの語群] ① 青　　　　　② 赤　　　　　③ 緑

[イの語群] ① 動物性　　　② 植物性　　　③ 鉱物性

[ウの語群] ① 鎌倉　　　　② 安土桃山　　③ 江戸

[エの語群] ① 伝統色　　　② 五行説　　　③ 占い

[オの語群] ① 禁色　　　　② 当色　　　　③ 聴色

過去問題例 III

第1問1-1（5点）

次の事項のうちで正しいものには①を、誤っているものには②を、解答用紙の所定欄にその番号をマークしなさい。

ア．ある色が一定に見えるためには、光と眼と物体の3つの特性を一定にしなければならない。
イ．自然光と人工光の、どの白色光を用いても物体色の発色が変わることはない。
ウ．物理的な特性が異なっている色同士は、どのような場合でも同じ色に見えることはない。
エ．色を正しく計測するための光は特に決められていないため、計測器のメーカーが独自の光を定めている。
オ．色の調和については、ギリシャ時代から論じられており、数多くの色彩調和論がある。

第1問1-2（5点）

次の事項のうちで正しいものには①を、誤っているものには②を、解答用紙の所定欄にその番号をマークしなさい。

ア．人々が帰属する集団は大きく見れば、国・民族・歴史・風土などに分けることができ、それぞれ集団ごとに特徴的な連想が伴う。
イ．色の連想調査は具体的な色見本によってのみ行うことが出来る。
ウ．調査の対象者が帰属している集団の特性を表している連想の例に「緑」から「山手線」があり、これは調査対象者が東京中心の在住者であるという特徴を表している。
エ．日本人がイメージする太陽のシンボルカラーは赤であるが、これは多くの国で見られることである。
オ．色の象徴性には、言語で表現しやすい具体的な概念を色で表すという特質がある。

第2問（10点）
次の文中の［　］の部分に、下記のそれぞれの語群のうち最も適切な用語を選び、解答用紙の所定欄にその番号をマークしなさい。

　色がもたらす心理的効果の背景には、それぞれの時代や地域における［**ア**］が投影されている場合が多い。その反面、赤と危険、黒と死など、文化を異にする多くの民族の間にも共通する［**イ**］もある。
　色の心理的効果の現れ方は物体の表面色がもつ心理的な［**ウ**］のいずれかに大きく依存する場合が多い。
　イメージの世界の構造を解析する方法として、［**エ**］がコミュニケーション研究のなかから開発したのがＳＤ法である。ＳＤ法では、まずイメージを知りたい対象についての［**オ**］の形容詞とその反対語の対を、評価項目として多数用意する。

［語群］

［アの語群］　① 経済的営み　　　　② 政治的活動　　　③ 文化的営み

［イの語群］　① 普遍的な心理的効果　② 絶対的真実　　　③ 確実な信念

［ウの語群］　① 二属性である色相とトーン
　　　　　　　② 三属性である色相・明度・彩度
　　　　　　　③ 四属性である赤・緑・青・黄

［エの語群］　① ハント　　　　　　② オズグッド　　　③ ビレン

［オの語群］　① 情緒的意味　　　　② 感覚的意味　　　③ 知的内容

第3問（10点）

次の文中の [ ] の部分に、下記のそれぞれの語群のうち最も適切な用語を選び、解答用紙の所定欄にその番号をマークしなさい。

NCSはドイツの生理学者である[ア]が示した色の自然な体系をもとにスウェーデンで開発された表色系で、色の表示は[イ]、色み、色相で表す。色相は、赤、[ウ]、緑、青で構成されている。NCSは照明光などの[エ]にかかわらず、どのように見えるかという色の見えを表記できる点が特徴である。このためデザイン等の分野で関心がもたれている。一方、日本のデザイン分野では[オ]を主な目的として開発されたPCCSと呼ばれる表色系が普及している。

[語群]

[アの語群] ① シビック　② ヘリング　③ ヤング

[イの語群] ① 明度　② 彩度　③ 黒み

[ウの語群] ① マゼンタ　② 黄　③ シアン

[エの語群] ① 観察条件　② 測色条件　③ 幾何条件

[オの語群] ① 色彩調和　② 色彩管理　③ 等色差

第4問 4-1（5点）

次の事項のうちで正しいものには①を、誤っているものには②を、解答用紙の所定欄にその番号をマークしなさい。

ア．自然光源の代表は太陽光である。
イ．太陽光は地球の大気に到達するまで光の散乱は起こらない。
ウ．光の色は光を発する物体の温度で異なることはない。
エ．光源が物の色の見えに影響を与える効果を忠実性という。
オ．光源が変化したときに色が変化するのは、比較的高彩度の色で起こりやすい。

第4問4-2（5点）

次の事項のうちで正しいものには①を、誤っているものには②を、解答用紙の所定欄にその番号をマークしなさい。

ア．錐状体と杆状体の順応の時間的経過ではなく、その分光感度の相違を表した現象にプルキニエ現象がある。
イ．残像には陰性残像しかない。
ウ．色の対比が、背景色とテスト色の見えを強調する方向で変化するのに対して、色の同化は、逆に背景色とテスト色の差が弱まって、あるいは同調する方向で見える現象である。
エ．2色を混色して無彩色になる色の関係を補完色という。
オ．知覚的な目立ち具合を表したものに、誘導性と眼奪性がある。

第5問（10点）

次の文中の [ ] の部分に、下記のそれぞれの語群のうち最も適切な用語を選び、解答用紙の所定欄にその番号をマークしなさい。

　XYZ表色系は、光の特性と [ア] を色の測定のルールに従って標準化するものである。このように条件を設定することによって、物体の特性、つまり [イ] が決定すれば、物体から反射して人間の眼に入る光が決まり、その光と同じ色となる [ウ] の混色量、つまり [エ] が決まることになる。$L*a*b*$表色系は、ある色と試料の色との [オ] を測定するのに適した表色系である。

[語群]

[アの語群] ① 混色の特性　② 物の特性　③ 眼の特性

[イの語群] ① 分光反射率　② 放射率　③ 光束発散度

[ウの語群] ① 塗料　② 三原色　③ 生理原色

[エの語群] ① 三刺激値　② 等色値　③ 色度比率

[オの語群] ① 等色度　② 相関性　③ 色差

第6問6-1（5点）

次の事項のうちで正しいものには①を、誤っているものには②を、解答用紙の所定欄にその番号をマークしなさい。

ア．色の物理測色方法には、分光測色方法と視感測色方法がある。
イ．三属性の色相別による分光分布曲線の変化から、色相は反射の強い波長の位置によって定まるといってよい。
ウ．色を正しく測定するには、照明光と受光部の位置関係を考慮しなくてもよい。
エ．色を測定する際に、内部を均一な白色で塗った「白色球」という球状の装置を用いる。
オ．色を視感で比色する際の作業面の色は無光沢で、無彩色（$N5$）仕上げにする。

第6問6-2（5点）

次の事項のうちで正しいものには①を、誤っているものには②を、解答用紙の所定欄にその番号をマークしなさい。

ア．純色に白のみを加えた色系列は明清色という。
イ．純色に黒を加えた色系列は濁色という。
ウ．「調和は秩序に等しい」として、アメリカの色彩学者マンセルは、オストワルトシステムを創案した。
エ．ヘリングの心理四原色は、赤と白、黒と黄である。
オ．ムーン-スペンサーは、「美度」を提案した。

第7問（10点）

次の文中の [ ] の部分に、下記のそれぞれの語群のうち最も適切な用語を選び、解答用紙の所定欄にその番号をマークしなさい。

　加法混色によって混色されて作られる新しい色の三刺激値は、混色する色の三刺激値を [ア] して得られる。また、2色を混色すると、それぞれの [イ] を直線で結んだ線上を、2色の [ウ] で移動する。中間混色は、もとの色は独立した色として存在しているが、混色した色のように見える、人間の内部で起こる [エ] としての混色である。たとえば印刷物のように、色を小さな点で配列し、個々の色は混色していないが、ある距離から見たときに混色しているように見える。この場合の色の見えは、それぞれの色の [オ] に応じて変化する。

[語群]

[アの語群] ① 加算　　　　② 減算　　　　③ 乗算
[イの語群] ① 主波長　　　② 三刺激値　　③ 色度座標
[ウの語群] ① 純度の割合　② 混色の割合　③ 明度比
[エの語群] ① 視覚　　　　② 観念連合　　③ 感情
[オの語群] ① 濃度　　　　② 面積比　　　③ 領域

第8問（10点）

次の文中の [ ] の部分に、下記のそれぞれの語群のうち最も適切な用語を選び、解答用紙の所定欄にその番号をマークしなさい。

　可視光線は、さまざまな色が混ざった状態にあり、このさまざまな波長を含んだ光を各波長に分けることを [ア] という。単一の波長からなる光を単色光といい、波長の順に、単色光として表示されたものを [イ] という。
　物体の色は、さまざまな波長の成分を含んだ光が当たり、たとえばリンゴの色の場合は、その物体がどの波長をどれくらい [ウ] し、どれくらい [エ] するかによって決まる。また、ワインの色の場合は、どの波長をどれくらい [オ] したかによって決まる。

[語群]

[アの語群] ① 解光　　　　② 限光　　　　③ 分光
[イの語群] ① モノクロ　　② スペクトル　③ プリズム
[ウの語群] ① 吸収　　　　② 回折　　　　③ 屈折
[エの語群] ① 干渉　　　　② 反射　　　　③ 透過
[オの語群] ① 発光　　　　② 反射　　　　③ 透過

第9問（10点）

次の文中の [ ] の部分に、下記のそれぞれの語群・配色のうち最も適切な用語を選び、解答用紙の所定欄にその番号をマークしなさい。

同一色相の配色は、[ア] のようなものが該当する。類似色相の配色では、色相の自然連鎖を守ると見慣れた配色となるが、それは [イ] のようなものである。[ウ] のような配色は補色色相の配色で、明度がごく近い色を使う場合には [エ] で色をセパレートする技法がよく使われる。明度の関係では、[オ] の配色が最も明度差が大きい配色となる。

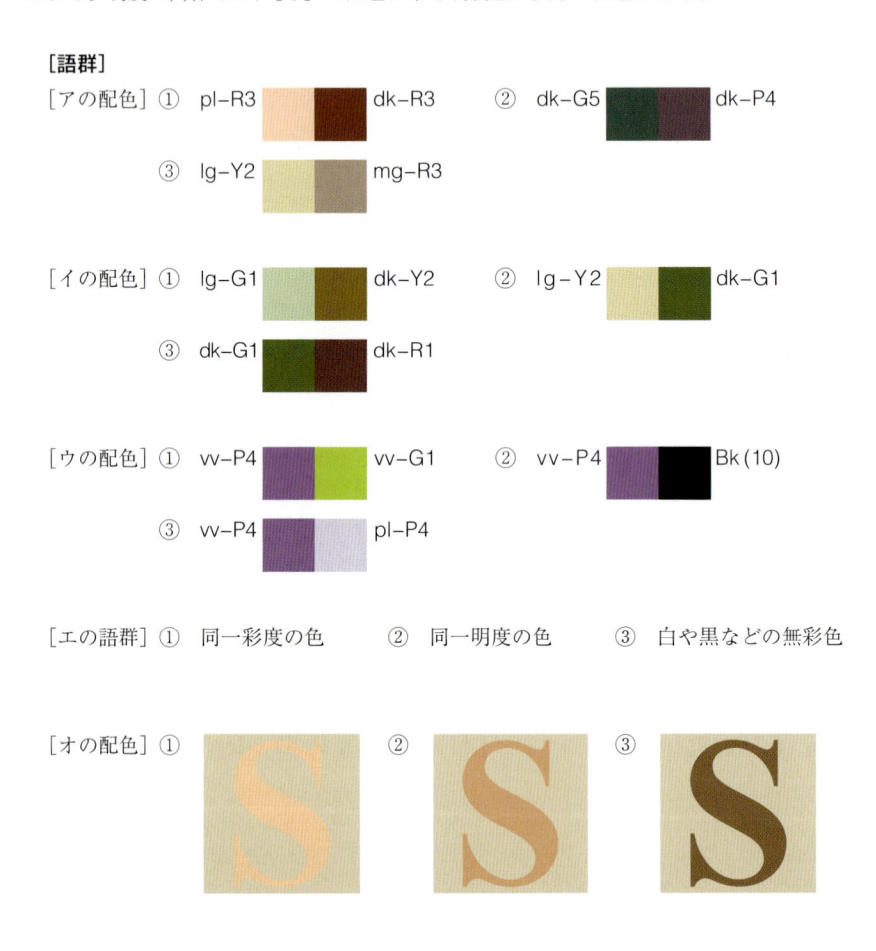

[語群]

[アの配色] ① pl-R3　dk-R3　② dk-G5　dk-P4
③ lg-Y2　mg-R3

[イの配色] ① lg-G1　dk-Y2　② lg-Y2　dk-G1
③ dk-G1　dk-R1

[ウの配色] ① vv-P4　vv-G1　② vv-P4　Bk(10)
③ vv-P4　pl-P4

[エの語群] ① 同一彩度の色　② 同一明度の色　③ 白や黒などの無彩色

[オの配色] ① ② ③

第10問（10点）

次の文中の［　］の部分に、下記のそれぞれの語群のうち最も適切な用語を選び、解答用紙の所定欄にその番号をマークしなさい。

　奈良時代に制定された冠位十二階では、冠位の色は［ア］に基づき、さらにその上に［イ］を置いて定められた。平安時代にはそれが厳密に守られなくなり、しばしば［ウ］を守るように指示が出されたことが記録に残っている。
　着物の色彩は江戸時代に隆盛を迎えるが、後期になると茶色系や鼠色系の染め色が多数現れ［エ］の言葉を残した。［オ］に着物の色は、地味な茶・紺から合成染料の派手な感じに変わった。

[語群]

[アの語群]　①　風水　　　　②　五行説　　　　③　天地人

[イの語群]　①　金色　　　　②　白　　　　　　③　紫

[ウの語群]　①　禁色　　　　②　分色　　　　　③　職色

[エの語群]　①　千茶、百鼠　②　茶鼠百様　　　③　四十八茶、百鼠

[オの語群]　①　明治時代　　②　飛鳥時代　　　③　桃山時代

過去問題例 IV

第1問1－1（5点）
　次の事項のうちで正しいものには①を、誤っているものには②を、解答用紙の所定欄にその番号をマークしなさい。

ア．自然光は白色光のひとつである。
イ．色の見えは光の特性によって異なる。
ウ．「標準観測者」は２０歳代の女性から選ばれ、その人の目の特性のことをいう。
エ．光には回折という現象は起きない。
オ．色の三属性による表示方法は色名による色の表示よりも伝達精度が高い。

第1問1－2（5点）
　次の事項のうちで正しいものには①を、誤っているものには②を、解答用紙の所定欄にその番号をマークしなさい。

ア．英語やフランス語の赤にプラスの意味が含まれないことは、ユダの着衣が赤で表されていることでも分かる。
イ．色がもたらす心理的効果の背景には、それぞれの時代や地域における文化的営みと、多くの民族間に共通する普遍的な心理的効果がある。
ウ．暖色、寒色という言葉は最もポピュラーな色の心理的効果であろう。
エ．色の硬・軟感は彩度との関係が一番深い。
オ．一般的には短波長の色は進出して見え、長波長の色は後退して見える。

第2問（10点）

次の文中の［　］の部分に、下記のそれぞれの語群のうち最も適切な用語を選び、解答用紙の所定欄にその番号をマークしなさい。

　色の連想で、抽象的概念と結びついた色の連想語を色の［ア］という。色の連想で［イ］は具体的連想に結びつきやすい。１９６５年の日本色彩研究所と１９７８年の大井の調査で白の連想は［ウ］のイメージと強くつながっている。奈良・飛鳥時代に中国からもたらされたものに［エ］思想があり、冠位十二階の制にもその思想が影響している。日本語の"色"の意味には［オ］な意味合いが含まれるが、ヨーロッパ語圏ではその意味はない。

[語群]

[アの語群]	① 観念連合		② 象徴語		③ 多様性
[イの語群]	① 有彩色		② 無彩色		③ 中間色
[ウの語群]	① 喜び		② 不安		③ 医療
[エの語群]	① 五行		② 儒教		③ 仏教
[オの語群]	① 希望的		② 科学的		③ 性的・情念的

第3問（10点）

次の文中の［　］の部分に、下記のそれぞれの語群のうち最も適切な用語を選び、解答用紙の所定欄にその番号をマークしなさい。

　色を表す方法には大別して［ア］方式と色名方式がある。色名方式の一つであるＪＩＳ　Ｚ　８１０２「物体色の色名」では二つの方法を定めている。その一つの系統色名では青は［イ］の基本色名の一つである。［ア］方式の一つであるマンセルシステムでは色相、明度、彩度の［ウ］で色を表示する。明度は最も明るい色と最も暗い色との間を［エ］段階に知覚的に等間隔になるように分割している。マンセル表色系の彩度は［オ］にのみ用いる。

[語群]

[アの語群]	① 色見本		② 混色		③ 等色
[イの語群]	① 無彩色		② 有彩色		③ 原色
[ウの語群]	① 分光特性		② 色の三属性		③ 色度図
[エの語群]	① 5		② 10		③ 15
[オの語群]	① 光源色の表示		② 透明色の表示		③ 表面色の見え

第4問（10点）
次の文中の［　］の部分に、下記のそれぞれの語群のうち最も適切な用語を選び、解答用紙の所定欄にその番号をマークしなさい。

　シュブルールは色彩調和論の発展に貢献したが、彼は［ア］とトーンによる調和の概念を導入した。例えば、類似の調和では、［イ］色相でトーンの違いをつけた配色などがそれにあたる。また、対照の調和では補色色相を使い［ウ］なトーンを使った対比的な配色などをあげている。ドイツのオストワルトは「調和は秩序に等しい」とし、「［エ］系列、等黒系列、等純系列、等価値系列」の4つの色系列の調和をあげている。一方、ムーンとスペンサーは美しさの度合いを［オ］で示す「美度」を提案した。

[語群]

[アの語群] ① 色相　　　　　　② 明度　　　　　　③ 彩度

[イの語群] ① 対照　　　　　　② 中差　　　　　　③ 同一

[ウの語群] ① ソフト　　　　　② 類似　　　　　　③ 対照的

[エの語群] ① 等色　　　　　　② 等明　　　　　　③ 等白

[オの語群] ① マンセルカード　② 幾何模様　　　　③ 数値

第5問5－1（5点）
　次の事項のうちで正しいものには①を、誤っているものには②を、解答用紙の所定欄にその番号をマークしなさい。

ア． 図1の配色は、類似色相の関係である。
イ． 図2の配色は、対照色相の関係である。
ウ． 図3の配色は同一明度の配色である。
エ． 図4の配色は類似トーンの配色である。
オ． 図5の配色の色相関係は、自然な調和になっている。

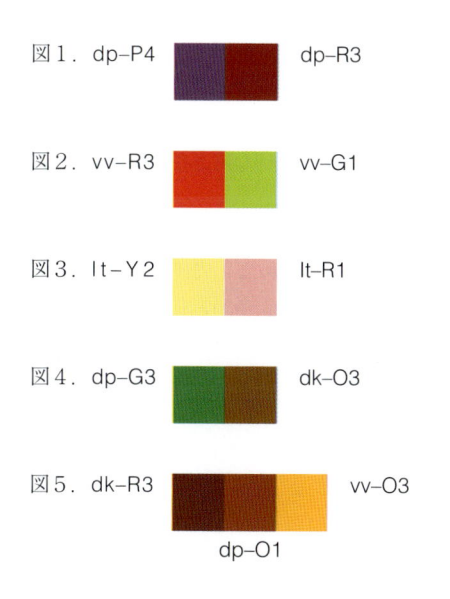

図1．dp–P4　　　dp–R3

図2．vv–R3　　　vv–G1

図3．lt–Y2　　　lt–R1

図4．dp–G3　　　dk–O3

図5．dk–R3　　　　　vv–O3
　　　　　dp–O1

＜参考＞CCICトーン図

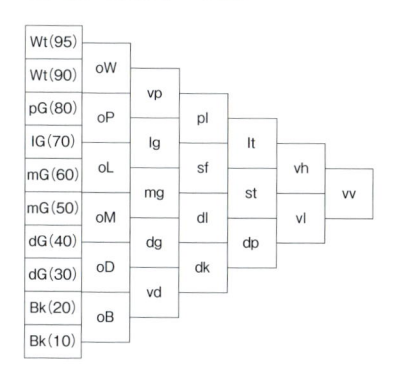

第5問 5-2 (5点)

次の事項のうちで正しいものには①を、誤っているものには②を、解答用紙の所定欄にその番号をマークしなさい。

ア． 電磁波は、粒子性と波動性を併せもっているが、色彩では粒子性を考えると都合がよい。
イ． インキは色素の粒である顔料が展色材のなかに分散されている物質である。
ウ． 粒子の大きさが光の波長より大きいときの散乱をレイリー散乱という。
エ． 光の干渉は、2つの光の位相が異なることによって生じる。
オ． 520nmあたりの波長の光は、ほぼ緑に見える。

第6問 (10点)

次の文中の [ ] の部分に、下記のそれぞれの語群のうち最も適切な用語を選び、解答用紙の所定欄にその番号をマークしなさい。

　人工光源は、その発光の方法によって熱放射と [**ア**] とに分類される。光の色は、物体の色温度によって異なっている。色温度が低い場合には、長波長の成分が多い、右上がりの [**イ**] になり、[**ウ**] がかった光となる。市販されている蛍光ランプは色温度の違いによって5種類の記号及び色名で表示がされており、記号 [**エ**] で表される光の色名は昼白色になる。また、照明光源が物の色の見えに影響を与える効果を [**オ**] という。

[語群]

[アの語群] ① 蓄電　　② 帯電　　③ 放電

[イの語群] ① 分光分布　　② 分光波動　　③ 分光反射率

[ウの語群] ① 紫　　② 赤み　　③ 緑

[エの語群] ① WW　　② N　　③ L

[オの語群] ① 演色性　　② 恒常性　　③ 三色性

第7問 7-1 (5点)

次の事項のうちで正しいものには①を、誤っているものには②を、解答用紙の所定欄にその番号をマークしなさい。

ア．色覚異常には先天的原因と後天的原因がある。
イ．花火を見た直後に観察される残像は陰性残像である。
ウ．赤い網に入れられたミカンがより赤く見えるのは、同化効果によるものである。
エ．知覚的な目立ち具合を表したものに誘導性と顕著性がある。
オ．実際には無いはずの図形を顕著に知覚する現象を、主観的輪郭という。

第7問 7-2 (5点)

次の事項のうちで正しいものには①を、誤っているものには②を、解答用紙の所定欄にその番号をマークしなさい。

ア．三属性の明度と分光反射率曲線の関係は、反射の強い波長の位置によって定まる。
イ．光の三原色を25R+75Gの比率で混色すると紫になる。(原色量の記号の前にある数値は原色の混合量を示している)
ウ．XYZ表色系で、三刺激値の比率を色度座標という。
エ．マクアダムは、ある色を中心として、その色と区別できない色の範囲を色度図上に表した。
オ．マンセル表色系をa*-b*色度図で表すと、等しい彩度の並びは直線になる。

第8問(10点)

次の文中の [ ] の部分に、下記のそれぞれの語群のうち最も適切な用語を選び、解答用紙の所定欄にその番号をマークしなさい。

光電色彩計は [ア] を直接求めるために、試料を照明する照明光源の特性を [イ] に、光を受け取る [ウ] の特性を等色関数に一致させる必要がある。色を測定する際には、内部を均一な白色で塗り、反射光を均一に混ぜる役割をする [エ] という装置を用いることがある。この装置には、試料表面からの [オ] を吸収する光トラップを設ける場合がある。

[語群]

[アの語群]	① 主波長	② 刺激純度	③ 三刺激値
[イの語群]	① 基準の光	② 測色イルミナント	③ 測色光源
[ウの語群]	① 分光器	② 受光器	③ 光電球
[エの語群]	① 集光器	② 積分球	③ 拡散反射器
[オの語群]	① 正反射光	② 乱反射光	③ 散乱光

第9問(10点)

次の文中の [ ] の部分に、下記のそれぞれの語群のうち最も適切な用語を選び、解答用紙の所定欄にその番号をマークしなさい。

光の混色で、個々には見分けがつかないほどの小さな色点を集合させることで混ぜる方法を [ア] という。3台のプロジェクタを用いて3種類の色光を混色する場合、混色で得られる色の三刺激値は、混色する色の三刺激値を [イ] することで求められる。また、混色で得られる色の色度座標は、混色する色の色度座標を結んだ三角形の内部に位置する。この三角形の領域を [ウ] という。また、3種類の色光のうち2色を混色すると、それぞれの色度座標を結んだ直線上を [エ] によって移動する。このことから、色度図上で白色点を通る直線を引き、その両端の色を適当に混色すると白色になる。この混色して白色となる色同士を [オ] の関係にあるという。

[語群]

[アの語群]	① 同時加法混色	② 回転混色	③ 併置混色
[イの語群]	① 乗算	② 加算	③ 減算
[ウの語群]	① 色定義域	② 色再現域	③ 虚色
[エの語群]	① 混色の割合	② 混色の対数比	③ 混色の平均値
[オの語群]	① 対照色	② 反対色	③ 補色

第10問（10点）
次の文中の [ ] の部分に、下記のそれぞれの語群のうち最も適切な用語を選び、解答用紙の所定欄にその番号をマークしなさい。

印象主義の絵画によって、絵画とは [ア] を追求する表現メディアであるとの立場が明確になった。印象主義は画面から [イ] を追放し、陽光のもとに広がる [ア] 世界を主題とする。モネの「アルジャントゥイユのレガッタ」(図A) は、赤－[ウ]、黄－菫の [エ] が使われている。当時は空気、布、水面、樹木など [オ] を正確に描き分けてこそ画家の技術と賞賛されたが、この作品はすべてを同じ筆触で描いてあり、絵画ではないと非難された。

[語群]

[アの語群] ① 形　　　② 色彩　　　③ 材質感

[イの語群] ① 色彩　　② 人物描写　③ 物語

[ウの語群] ① 紫　　　② 緑　　　　③ 白

[エの語群] ① 同一色相　② 中差色相　③ 補色対比

[オの語群] ① 材質の違い　② 明暗関係　③ 色相の自然連鎖

[図A]

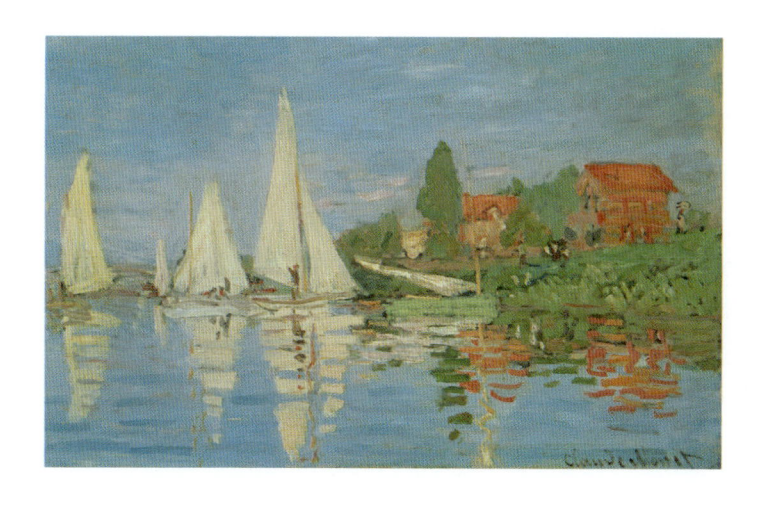

過去問題例Ⅰ　模範解答

	ア	イ	ウ	エ	オ	カ	キ	ク	ケ	コ
1	2	3	3	1	3					
2	1	1	2	2	2	1	2	2	1	1
3	2	1	1	2	3					
4	1	2	3	2	3					
5	2	3	3	2	3					
6	1	3	2	1	3					
7-1	2	2	1	2	1					
7-2	2	1	2	1	2					
8	1	3	3	1	3					
9	3	2	1	3	1					
10	1	2	3	3	3					

過去問題例Ⅱ　模範解答

	ア	イ	ウ	エ	オ
1-1	1	2	2	2	2
1-2	2	1	2	1	2
2	3	1	2	1	3
3	1	3	1	2	3
4	1	2	3	1	2
5-1	2	1	2	2	1
5-2	1	1	1	2	2
6	2	1	3	2	3
7	3	1	1	2	2
8-1	2	1	1	2	2
8-2	2	1	1	2	2
9	2	1	2	1	3
10	2	3	3	2	1

過去問題例Ⅲ　模範解答

	ア	イ	ウ	エ	オ
1-1	1	2	2	2	1
1-2	1	2	1	2	2
2	3	1	2	2	1
3	2	3	2	1	1
4-1	1	1	2	2	2
4-2	1	2	1	2	2
5	3	1	2	1	3
6-1	2	1	2	2	1
6-2	1	2	2	2	1
7	1	3	2	1	2
8	3	2	1	2	3
9	1	2	1	3	3
10	2	3	1	3	1

過去問題例Ⅳ　模範解答

	ア	イ	ウ	エ	オ
1-1	1	1	2	2	1
1-2	2	1	1	2	2
2	2	1	3	1	3
3	1	2	2	2	3
4	1	3	3	3	3
5-1	2	1	2	1	1
5-2	2	1	2	1	1
6	3	1	2	2	1
7-1	1	2	1	2	1
7-2	2	2	1	1	2
8	3	2	2	2	1
9	3	2	2	1	3
10	2	3	2	3	1

カラーコーディネーター検定試験 3級問題集FAX通信
〈FAX:03-3406-9182〉

●本書をお買い求めいただいた感想をお伺いします

住所	〒		TEL		FAX			
氏名			E-mail			性別	男・女	
			職業			年齢		才

※ ご記入いただいた情報は、東京商工会議所個人情報保護方針に沿って管理し、当該検定試験の運営のみに使用いたします。

第3版第1刷

カラーコーディネーター検定試験® 3級問題集　第3版

平成15年3月25日	初版第1刷発行
平成15年11月15日	初版第2刷発行
平成16年10月5日	初版第3刷発行
平成17年4月15日	初版第4刷発行
平成18年5月1日	初版第5刷発行
平成19年2月25日	第2版第1刷発行
平成19年9月15日	第2版第2刷発行
平成20年12月25日	第2版第3刷発行
平成22年6月10日	第2版第4刷発行
平成23年6月1日	第2版第5刷発行
平成24年2月25日	第3版第1刷発行

発行所　東京商工会議所
　　　　　　検定センター
〒100-0005 東京都千代田区丸の内3-2-2
TEL 03(3989)0777
FAX 03(3283)7678

発行人　高　野　秀　夫
監　修　㈶日本ファッション協会
編　者　東京商工会議所
協　力　㈱カラースペースワム
発売元　㈱中央経済社
〒101-0051 東京都千代田区神田神保町1-31-2
TEL 03(3293)3381(代) FAX 03(3291)4437
振替口座　00100-8-8432
印刷所　㈱マクビーカタガイ
　　　　こだま印刷㈱

●本書は著作権法上の保護を受けています。本書の一部あるいは全部について東京商工会議所から文書による許諾を得ずに、いかなる方法においても無断で複写、複製することは禁じられています。
●落丁、乱丁本は、送料発売元負担にてお取り替えいたします。

Ⓒ2003　東京商工会議所　Printed in Japan
ISBN978-4-502-44950-5　C0037

「カラーコーディネーター検定試験」は東京商工会議所の登録商標です。

商工会議所 カラーコーディネーション・チャート

(CCIC) 簡易版

色相連番	(1)	2	(3)	4	(5)	6	(7)	8	(9)	10	(11)	12	(13)	14
色相記号 トーン記号		R3		O1		O3		Y2		G1		G3		G5
vp (very pale)														
pl (pale)														
lt (light)														
vv (vivid)														
dp (deep)														
dk (dark)														
vd (very dark)														
lg (light grayish)														
mg (medium grayish)														
dg (dark grayish)														

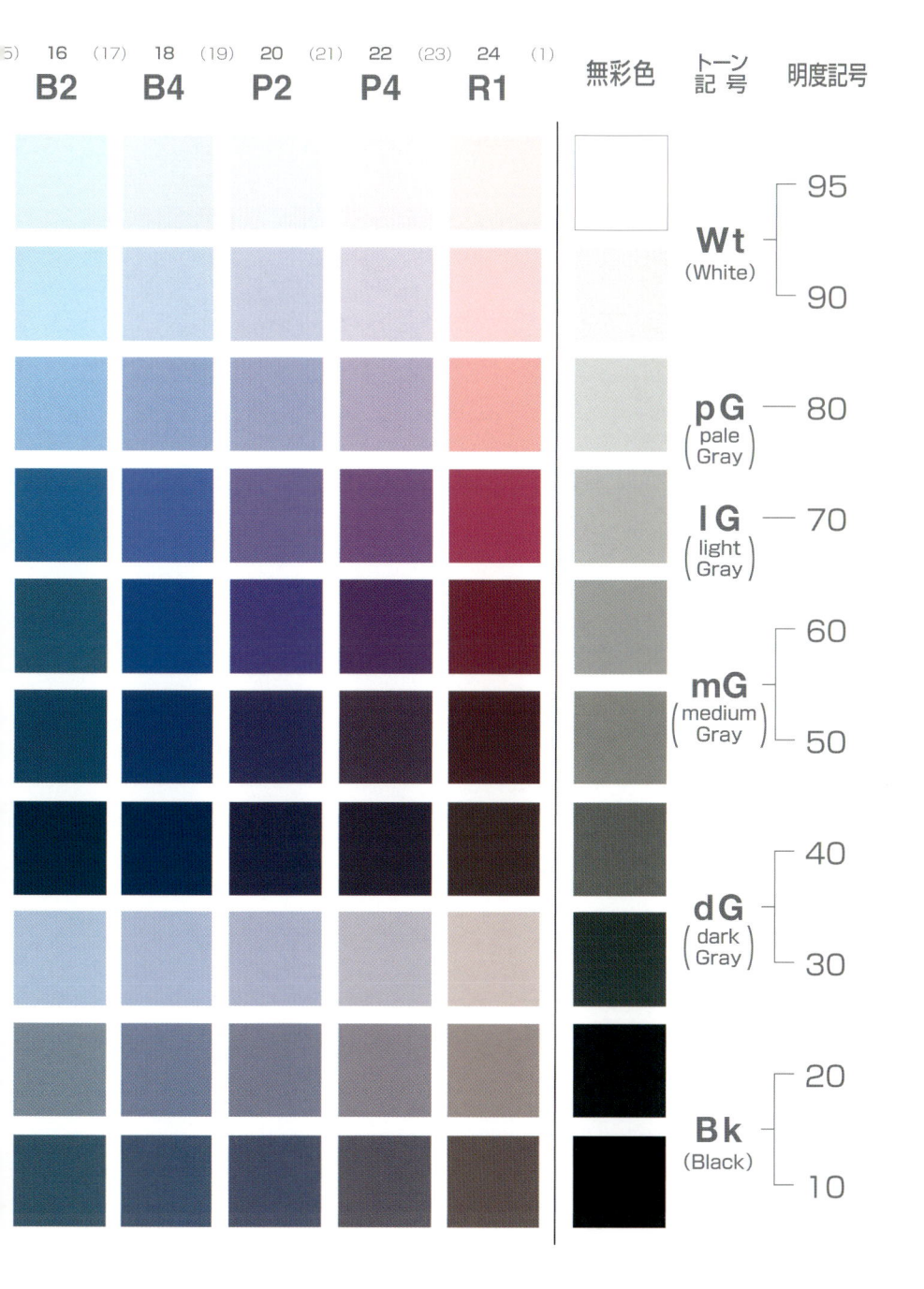

(15)	16	(17)	18	(19)	20	(21)	22	(23)	24	(1)	無彩色	トーン記号	明度記号
	B2		B4		P2		P4		R1				

Wt (White) — 95 / 90
pG (pale Gray) — 80
lG (light Gray) — 70
mG (medium Gray) — 60 / 50
dG (dark Gray) — 40 / 30
Bk (Black) — 20 / 10

(1202)